Feyza Altinay

# Anwendung von Data Mining Verfahren bei politischen Wahlkämpfen

**Bibliografische Information der Deutschen Nationalbibliothek:**

Bibliografische Information der Deutschen Nationalbibliothek: Die Deutsche Bibliothek verzeichnet diese Publikation in der Deutschen Nationalbibliografie; detaillierte bibliografische Daten sind im Internet über http://dnb.d-nb.de/ abrufbar.



Copyright © 2017 Diplom.de
Druck und Bindung: Books on Demand GmbH, Norderstedt Germany
ISBN: 9783961166916

https://www.diplom.de

Feyza Altinay

# Anwendung von Data Mining Verfahren bei politischen Wahlkämpfen

# Inhalt

# Abbildungsverzeichnis

# Tabellenverzeichnis

# Diagrammverzeichnis

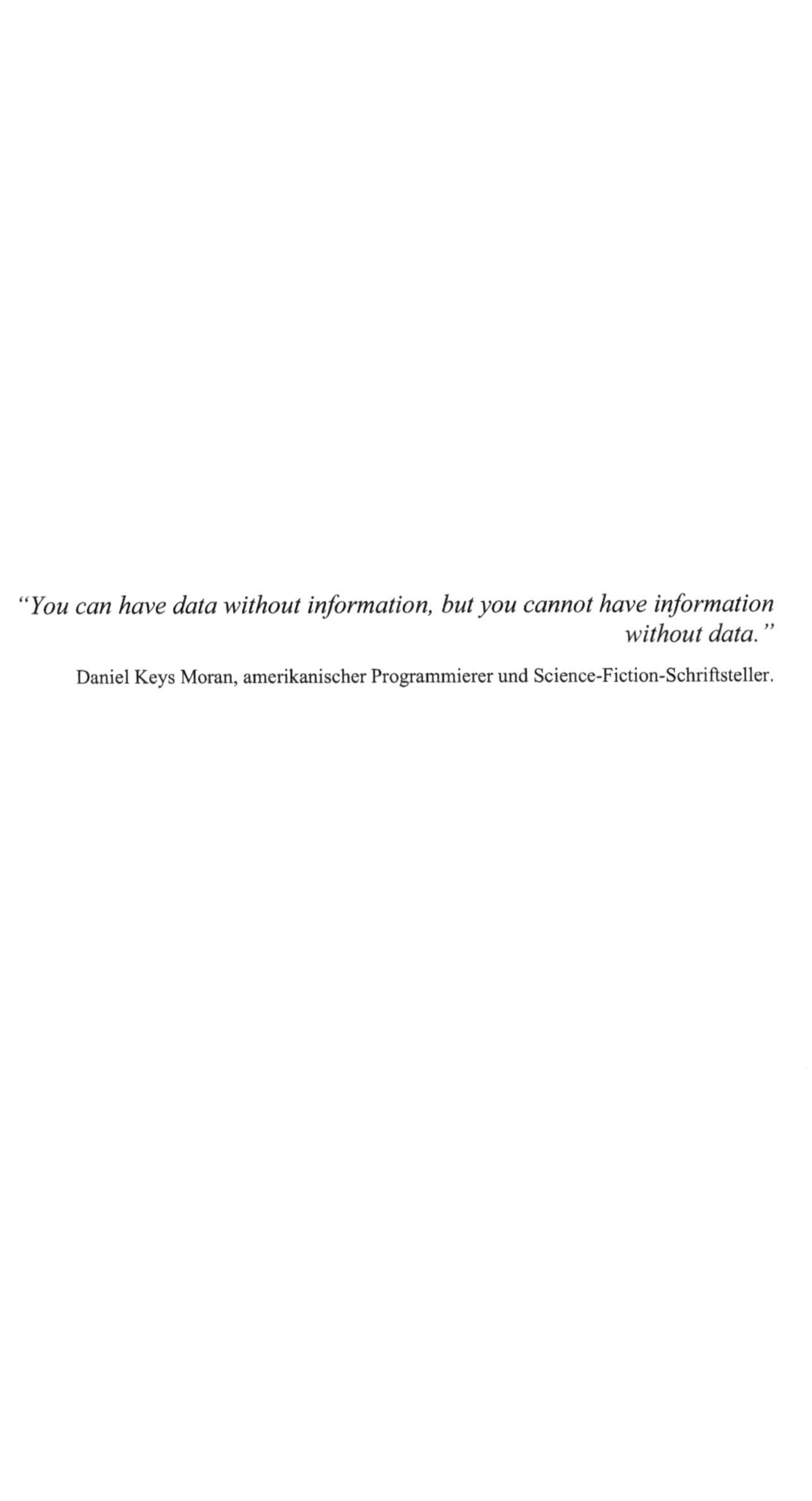

*"You can have data without information, but you cannot have information without data."*

Daniel Keys Moran, amerikanischer Programmierer und Science-Fiction-Schriftsteller.

# 1 Einleitung

Einst sagte die US-amerikanische Politikerin und ehemalige CEO der Hewlett-Packard Inc. Cara Carleton Fiorina: "The goal is to turn data into information, and information into insight." Der erste Teil des Zitates beschreibt den Kern das Data Mining, nämlich das Gewinnen von Wissen aus gigantischen Datenmengen. Dies findet heutzutage immer mehr Anwendung und spielt eine zunehmende Rolle. Bekannt sind Anwendungen von Data Mining Verfahren überwiegend aus dem Marketing Bereich. Zum größten Teil wird das Kaufverhalten der Kunden analysiert und passende Werbung geschaltet. Jedoch finden Data Mining Algorithmen seit einigen Jahren auch in der Politik Einsatz, genauer gesagt bei Wahlkämpfen. Das angestrebte Ziel dahinter ist es, Wähler durch gezieltes Ansprechen zu verunsichern. Der erste Einsatz kam 2008 bei den US-Präsidentschaftswahlen in die Schlagzeilen. Dabei wurden erstmals nur mit demografischen Daten über Wahlberechtigte gearbeitet. Bis heute wurden immense Fortschritte gemacht, sodass nun auch psychologische Daten erhoben werden. Um Wähler gezielt ansprechen zu können, müssen im ersten Schritt ihre Interessen sowie ihr Charakter analysiert und anschließend sich ähnelnde Personen in Gruppen zusammengefasst werden. An der Stelle wird das Clustering des Data Mining eingesetzt.

In dieser Thesis soll anhand von personenbezogenen Daten, die von Facebook Profilen erhoben werden, eine beispielhafte Clusteranalyse mit RapidMiner Studio durchgeführt werden. Um das Problem und die geschichtliche Entwicklung darzustellen, wird auf diverse Zeitungs –und Zeitschriftenartikel bezogen. Die Theorie zu Data Mining, der Clusteranalyse und zum Microtargeting beschränkt sich auf die Bereiche, die für die praktische Analyse von Bedeutung sind. Für das Data Mining wird hauptsächlich das Buch Data Mining von Cleve und Lämmel genutzt. Für das Anwendungsszenario werden zunächst die Art und Weise der Datenerhebung sowie die Daten an sich detailliert beschrieben und anschließend der Analyseprozess im RapidMiner Studio mit Screenshots erklärt und die Ergebnisse mit Diagrammen visualisiert. Das Besondere an dieser Untersuchung ist es, dass Daten über politische Ansichten der Personen zwar erhoben werden aber nicht in die Analyse einfließen. Damit soll ermittelt werden, ob in den entstandenen Clustern jeweils eine Mehrheit von politisch gleich ausgerichteten Menschen zu erkennen ist. Für diesen Abschnitt werden überwiegend Vorlesungsskripte online Operatorbeschreibungen von RapidMiner Documentation verwendet.

# 2 Wählerbeeinflussung

In diesem Abschnitt wird die Beeinflussung von Wählern durch Anwendung von technischen Methoden des Data Mining bei politischen Wahlkämpfen erläutert. Zunächst wird das Problem dargestellt. Anschließend folgt eine Beschreibung der geschichtlichen Entwicklung der bisher genutzten Verfahren und Strategien im Internet sowie in den sozialen Netzwerken. Abschließend wird die Zielsetzung dieser Bachelorarbeit beschrieben.

## 2.1 Problemstellung

Data Mining Verfahren werden üblicherweise im Handel genutzt, um das Kaufverhalten der Kunden zu ermitteln. Darüber hinaus werden sie ebenfalls im Customer-Relationship-Management verwendet, um beispielsweise zu ermitteln, welches Produkt welchem Kunden angeboten werden soll. Seit einigen Jahren finden Data Mining Verfahren auch in der Politik Anwendung, genauer gesagt bei politischen Wahlkämpfen.

In den Präsidentschaftswahlen im Jahr 2016 in den Vereinigten Staaten haben politische Parteien die Wähler mithilfe des Microtargeting auf Grundlage von Daten, die Auskunft über die Interessen der US-Bürger geben, gezielt angesprochen. Um dies zu erreichen, haben Daten-Unternehmen persönliche Daten von amerikanischen Erwachsenen eingeholt und diese analysiert. Jedoch ist nicht bekannt, welche genauen individuellen Daten für die Wahlkampagne genutzt bzw. welche Cluster für die Zielgruppen festgelegt wurden. Darüber hinaus weiß man nicht, wie viele Menschen auf die Botschaften reagiert haben. Allgemein formuliert, ist es unbekannt, ob oder inwiefern diese Methode das Wahlverhalten der Bürger beeinflusst, sodass es einer Partei zum Sieg verhelfen könnte. (Wolfie, 2016)

Jedoch ermöglicht das Targeting, bestimmte Wähler zur Wahlbeteiligung zu bewegen und andere eher davon abzuhalten. Dies nennt man Mobilisierung. Während man darauf hin arbeitet, dass in einigen Gruppen die Menschen vermehrt an den Wahlen teilnehmen, wird diese Anzahl in anderen Gruppen verringert. Bei dieser Strategie geht es um das Motivieren der einen und das Enttäuschen der anderen Wähler. Wenn nun die

Anteile der erhaltenen Stimmen der einzelnen Parteien sich nicht stark voneinander unterscheiden, fokussieren sich Wahlkampagnen auf die Mobilisierung der eigenen Wähler. Ferner versuchen die Parteien, die Wähler der Konkurrenzparteien zu verwirren. Somit soll erreicht werden, dass letztere sich nicht an den Wahlen beteiligen. Das Microtargeting ist ein gut geeignetes Instrument, um diese Strategien umzusetzen. (Wolfie, 2016)

Die Parteien nutzen die erhaltenen Daten von den Firmen, um den Profilen der Nutzer entsprechende Nachrichten auf ihrem Facebook-Kanal einzublenden. Durch Methoden der Rasterfahndung werden mithilfe vieler Merkmale spezifische Personen ein- oder ausgegrenzt. Zudem sind die geteilten Postings nur für bestimmte Personen sichtbar, wobei es so aussieht, als ob diese jedem Betrachter angezeigt werden. (Wolfie, 2016)

Die Parteien führen Experimente durch, indem sie Inhalte für definierte Gruppen auf sozialen Netzwerken einblenden. In diesen Inhalten werden Text und Design in unterschiedlichen Varianten dargestellt. Anschließend wird geprüft, welche Variante die meisten Wähler zum gewünschten Verhalten leitet. (Wolfie, 2016)

Während Menschen im Internet surfen oder eine mobile Applikation verwenden, entstehen Daten über die Person selbst. Diese persönlichen Daten werden an Werbetreibende weitergegeben bzw. verkauft. In den USA gibt es Firmen, die sich auf politische Wahlkampagnen konzentrieren. Sie verfügen über Datenbanken mit detaillierten persönlichen Daten über jeden Erwachsenen, der in den USA lebt. (Wolfie, 2016)

Im folgenden Absatz wird kurz beschrieben, wie Facebook die Startseite eines jeden Benutzers ordnet.

Generell ist Facebook heute nicht mehr nur eine Plattform, wo sich Nutzer mit Freunden und Familie vernetzten. Auf Facebook wird nun Ware verkauft, Werbung geschaltet und Entertainment betrieben. Auch ist Facebook für Parteien eine sehr hilfreiche und wichtige Plattform, um ihre Wahlkampagne durchzuführen und eine hohe Reichweite zu erreichen. Der wesentliche Vorteil einer Präsenz der Parteien auf Facebook ist die direkte und permanente Interaktion mit den Bürgern. (Brühl, Brunner, & Ebitsch, kein Datum)

Der Newsfeed bzw. die Startseite eines jeden Benutzers wird durch Facebook geordnet. Zuerst sind Inhalte sichtbar, die den Interessen des Nutzers am ehesten entsprechen.

Durch Algorithmen wird errechnet, welche Posts von welchen Freunden oder abonnierten Seiten dem Benutzer interessant erscheinen könnten. So wird verfahren, damit der Nutzer so lange wie möglich auf der Seite bleibt. Ein wesentlicher Grund dafür ist, dass durch längeren Aufenthalt mehr Werbung eingeblendet werden kann. Der Facebook-Algorithmus wird geheim gehalten. Jedoch sind einige Kriterien bekannt, die für die Prüfung der Relevanz der Inhalte entscheidend sind. Das erste Kriterium lautet Nähe. Es wird ermittelt, wie nah sich die Benutzer sind. Dies kann man beispielsweise anhand von gegenseitigen ´Gefällt mir-Angaben´ und Unterhaltungen messen. Ein weiteres Kriterium ist die Popularität des Inhalts, welches ebenfalls mittels der Anzahl der ´Gefällt mir-Angaben´ und Kommentare zu messen ist. Die persönlichen Vorlieben des Benutzers bilden ebenso ein wichtiges Kriterium. Zuletzt wird auf die Aktualität des geteilten Inhalts geachtet. (Brühl, Brunner, & Ebitsch, kein Datum)

Ob eine Botschaft eine hohe Reichweite erreicht, ist von der Weiterverbreitung durch Facebook Nutzer abhängig. Das bedeutet, dass die Macht nicht mehr bei den Anbietern, sondern bei den Nachfragern liegt. (Brühl, 2017)

## 2.2 Geschichtliche Entwicklung

1969 wurde zunächst das Unternehmen Acxiom gegründet. Es ist ein Marketingunternehmen, das damals in den USA im Auftrag der Demokratischen Partei Listen mit Adressen der Wahlberechtigten vorbereitete. Bereits zu diesem Zeitpunkt begann man in Amerika Gruppen von Wählern anhand ihrer demographischen Daten gezielt anzusprechen. Ebenso wurden diese Daten dafür genutzt, um eigene politische Botschaften zu optimieren. 1996 wurde zum ersten Mal mit Daten über Lifestyle und Konsumverhalten für die Wahlkampagne von Bill Clinton gearbeitet. Bei den 55. Präsidentschaftswahlen in den Vereinigten Staaten im Jahr 2004 besaß sowohl die Partei von George W. Bush als auch die von John Kerry Daten über jeden amerikanischen Wahlberechtigten. (Wolfie, 2016)

2008 betrieb Barack Obama seine Wahlkampagne auf Facebook und Twitter. Dadurch wurde beabsichtigt, Wähler zu mobilisieren und Spenden zu sammeln. (Kolb, 2012)

Michal Kosinski ist ein russischer Psychologe, der sich auf das Fachgebiet der Psychometrik, auch Psychometrie oder Psychografie genannt, spezialisiert hat. Er entwickelte 2008 ein Modell, mit dem man die Aktionen der Menschen auf Facebook untersuchen kann. (Grassegger & Krogerus, 2016)

Im schweizerischen 'Das Magazin' wird die Psychometrie folgendermaßen definiert: „Psychometrie [...] ist der wissenschaftliche Versuch, die Persönlichkeit eines Menschen zu vermessen." (Grassegger & Krogerus, 2016)

Um das umzusetzen, wird das sogenannte Ocean-Modell verwendet. In diesem Modell werden fünf Kriterien, die Big Five, zur Untersuchung der Persönlichkeit eines Menschen herangezogen. Diese Dimensionen wurden von zwei Psychologen in den 1980er Jahren entwickelt. Diese fünf Dimensionen sind Offenheit, Gewissenhaftigkeit, Extraversion, Verträglichkeit und Neurotizismus. Der Neurotizismus beschreibt die Verletzlichkeit. Nach Analyse dieser Kriterien lässt sich der Charakter eines Menschen ermitteln. Es ist sogar möglich, einige Verhalten der Person vorherzusagen. Damals erfolgte die Datenerfassung mittels Ausfüllen von persönlichen Fragebögen. Im Jahr 2008 entwickelte Kosinski zusammen mit einem Kollegen an der Cambridge University eine mobile Applikation namens 'MyPersonality' für Facebook, wo Nutzer wiederum persönliche Fragen beantworten konnten. Anschließend wurde der Charakter ausgewertet und die Daten der Nutzer in der Datenbank gespeichert. Somit erhielten die beiden Psychologen nach kurzer Zeit eine große psychologische Datenmenge über Personen. In den darauf folgenden Jahren wurden durch die Arbeitsgruppe von Kosinski die Ergebnisse der Fragebögen mit den Angaben der Nutzer auf Facebook wie Geschlecht, Alter etc. verglichen. Somit wurden Beziehungen zwischen den Daten abgeleitet, dass beispielsweise Personen, denen öfter philosophische Inhalte gefallen, eher in sich verschlossen sind. (Grassegger & Krogerus, 2016)

Das Modell wurde optimiert, sodass im Jahr 2012 anhand von ungefähr 68 'Gefällt mir-Angaben' eines Nutzers u.a. dessen Hautfarbe sowie politische und religiöse Orientierung mit ca. 85- bis 95-prozentiger Wahrscheinlichkeit prognostiziert werden konnten. Durch weitere Verfeinerungen sei es mit 300 'Gefällt mir-Angaben' des Nutzers möglich, sein zukünftiges Verhalten genauer vorauszusagen als durch einen Freund oder einer Freundin. Mittlerweile könne man einen Nutzer nur mit seinem Portrait bereits dem Ocean-Modell einordnen. Genauso, wie man aus Massendaten persönliche Profile erstellte, war eine Suche nach Personen mit bestimmten Eigenschaften möglich. Daher wird die Erfindung im Artikel als eine Menschensuchmaschine bezeichnet. (Grassegger & Krogerus, 2016)

Im selben Jahr arbeiteten die Präsidentschaftskandidaten Barack Obama und Mitt Romney bei ihren Wahlkampagnen mit rund 500 Daten pro US Bürger. Unter diesen Daten waren z. B. Informationen wie die Automarke, der Bildungsstand, Abonnements etc. vorhanden. Mithilfe von Algorithmen und dem Verfahren des Targetings wurde ermittelt, welche Gruppe mit welchen Nachrichten angesprochen werden sollte. Die Bevölkerung wurde dafür in kleine Gruppen unterteilt, sodass man diesen passende Inhalte schicken konnte. Anhand dieser Daten wurde genau ermittelt, auf welchen Wegen man den Wählern die Botschaften übermitteln sollte. Diese waren beispielsweise Anzeigen auf Facebook oder Broschüren mit Informationen. Darüber hinaus wurden Tracking Tools eingerichtet, um das Verhalten der Nutzer im Browser zu verfolgen. Nach Angaben waren im September 2012 auf der Webseite barackobama.com 73 Spione im Einsatz und auf mittromney.com 40 Spione. Da Zac Moffat damals herausfand, dass Amerikaner immer mehr Zeit im Internet verbrachten als beim Fernsehen, konzentrierte man sich auf Werbungen auf Facebook und YouTube etc. (Kolb, 2012)

Da Barack Obama und somit die Demokratische Partei in zwei aufeinander folgenden Wahlkämpfen Verfahren des Data Mining zusammen mit Big Data nutzten und siegten, hatten sie einen deutlichen Vorteil und mehr Erfahrung im Vergleich zu den Republikanern. Nach zwei Niederlagen gab die Republikanische Partei 100 Millionen US Dollar für ein Datencenter und weitere Techniken aus, um dem Fortschritt folgen zu können. (Maier, Matheis, & Voß, 2016)

Zu Beginn des Jahres 2014 erhielt der Psychologe Michal Kosinski einen Auftrag vom damaligen Assistenzprofessor Alexandr Kogan, zehn Millionen Facebook Konten von US Bürgern zu analysieren. Es sei ein Auftrag des Unternehmens SCL Group bzw. Strategic Communications Laboratories.[1] Kosinski lehnte den Auftrag ab. Laut dem Magazinartikel machte SCL durch Kogan die erste Bekanntschaft mit dem Ocean-Modell. (Grassegger & Krogerus, 2016)

---

[1] „SCL (Strategic Communication Laboratories) Group ist ein britisches Unternehmen für Verhaltensforschung und strategische Kommunikation. SCL nutzt Data mining und Datenanalyse, um Kommunikationsmaßnahmen auf bestimmte Zielgruppen maßgerecht zuschneiden zu können und so Verhaltensänderungen (wie etwa Wahlentscheidungen) im Sinne der Kunden von SCL zu bewirken. SCL gründete Cambridge Analytica und betrat damit 2012 den Markt in den Vereinigten Staaten." (Wikipedia (Hr.) (2), 2017)

Am Ende desselben Jahres unterstützte Cambridge Analytica zum ersten Mal eine Wahlkampagne für Ted Cruz von der Republikanischen Partei. (Grassegger & Krogerus, 2016)

Am 19. September 2016 hielt Alexander Nix, der CEO von Cambridge Analytica, am Concordia Annual Summit[2] eine Präsentation. Er stellte das Modell vor, mit dem eine Wahlkampagne online unterstützt wurde. Demnach wird die Bevölkerung in einheitliche Gruppen geteilt. Im Gegensatz zu dieser Methode hätte Hillary Clinton, die Präsidentschaftskandidatin der Demokratischen Partei, nur mit demographischen Daten gearbeitet. Ferner erklärte Nix in seinem Vortrag, dass das Unternehmen ein Modell konstruiert hat, womit der Charakter von jedem amerikanischen Erwachsenen vermessen werden kann. Wichtige Bausteine, mit denen das Unternehmen arbeite, seien Big Data, das Ocean-Modell und das Micro- bzw. Ad-Targeting. Massendaten wurden u. a. aus Grundbucheinträgen und Wählerverzeichnissen beschaffen. In den Vereinigten Staaten ist es nicht schwierig persönliche Daten von Bürgern zu besorgen. Dafür stehen Informationsdienstleister wie Acxiom oder Experian zur Verfügung. Cambridge Analytica setzte diese Daten mit den Wählerlisten der Partei und den Informationen aus den Facebook Aktionen in Verbindung, sodass mithilfe des Ocean-Modells Persönlichkeitsprofile erstellt wurden. (Grassegger & Krogerus, 2016)

Aus dem Magazinartikel geht hervor, dass die Methoden dieses Unternehmens völlig gleich zu dem Modell von Kosinski seien. Laut Nix besäße das Unternehmen Profile von 220 Millionen Menschen. Das sind alle Erwachsenen in den USA. In einem weiteren Vortrag beschrieb Nix die Vorgehensweise des Targetings in Bezug auf das Waffengesetz. Einer furchtsamen Person wurde die Botschaft beispielsweise in Form eines Bildes mit einem Eindringling vermittelt, um die Waffe als Verteidigungsmittel darzustellen. (Grassegger & Krogerus, 2016)

Im Juni 2016 wurde verkündet, dass Donald John Trump, der Präsidentschaftskandidat der Republikanischen Partei, seine Wahlkampagne in Zusammenarbeit mit Cambridge Analytica führte. Als die dritte Debatte zwischen den Präsidentschaftskandidaten Trump und Clinton stattfand, wurden vom Wahlkampf Team der Republikaner 175 Tausend Arten der Argumente von Trump hauptsächlich über Facebook verschickt. Diese

---

[2] „The Concordia Annual Summit convened the world's most prominent business, government, and nonprofit leaders to enable effective partnerships for impact. Thought leaders and innovators gathered at this global affairs forum to examine the world's most pressing challenges and identify avenues for collaboration." (Concordia (Hr.), 2016)

wurden den Persönlichkeitsprofilen jedes Nutzers entsprechend gestaltet. Laut CEO Nix wurden beispielsweise an die Bewohner von Little Haiti in Miami Botschaften verschickt, dass die Stiftung von Clinton nach dem Erdbebenunglück in Haiti gescheitert sei. Ein weiteres Beispiel zum Thema Targeting war, dass Afroamerikanern ein Video eingeblendet wurde, in dem Hillary Clinton dunkelhäutige Männer Raubtiere nannte. Wie im vorigen Abschnitt beschrieben, wird diese Strategie verfolgt, um die Wähler der Konkurrenzparteien von der Wahlbeteiligung fern zu halten. (Grassegger & Krogerus, 2016)

Im Juli 2016 wurde eine mobile Applikation entwickelt, mit der man die politische Ansicht sowie das Charakterprofil von jeder Person der privaten Haushalte sehen konnte. Falls die Applikation befürwortete, dass ein Haushalt für die Vermittlung der Nachrichten der Republikaner geeignet war, wurden dort Hausbesuche abgestattet. Zudem waren Gesprächsleitfaden für jeden Charaktertyp vorhanden, an denen sich die Wahlhelfer orientierten. Nach den Gesprächen bzw. Hausbesuchen wurde die Verhaltensweise der Personen in der Applikation mit neuen Informationen aktualisiert. (Grassegger & Krogerus, 2016)

Ferner stellte Cambridge Analytica 32 Persönlichkeitstypen vor, die die ganze Bevölkerung der Vereinigten Staaten abdecken. Im Rahmen der Wahlkampagne für Trump fokussierte man sich auf 17 Staaten. Nachdem Daten ausgewertet wurden, kam man zu der Erkenntnis, dass Amerikaner, die in den USA hergestellte Autos bevorzugen, am ehesten für Donald Trump stimmen würden. Nach Forschungen des Psychologen Michal Kosinski erhöhten sich durch die Strategie von Cambridge Analytica die Klickraten von Facebook Anzeigen um ca. 60 Prozent. (Grassegger & Krogerus, 2016)

In Deutschland wird im Gegensatz zu Amerika der Datenschutz strikter gehandhabt. Somit können die Parteien hier nicht private Daten über die Bevölkerung von Marketingunternehmen abkaufen, geschweige denn solche Daten auswerten. (Von Billerbeck & Beckedahl, 2016)

## 2.3 Zielsetzung der Bachelorarbeit

In der vorliegenden Bachelorarbeit wird beabsichtigt, ein plausibles Anwendungsszenario für die bei politischen Wahlkämpfen genutzten Data Mining Verfahren zu erarbeiten. Als Untersuchungsgebiet wurde die Politik gewählt, da einerseits die Anwendung von Data Mining in diesem Bereich bis vor einigen Jahren nicht üblich war und dort erst seit kurzer Zeit immer mehr Verwendung findet. Andererseits steigt der Fortschritt bei der Nutzung dieser Verfahren enorm, sodass es zu einem aktuellen Thema auf der ganzen Welt wird. Nahezu bei jedem wichtigen Referendum und bei jeder großen Wahl kommt das Thema Big Data und Data Mining in der Politik in die Schlagzeilen.

Vor der Untersuchung des Sachverhalts werden folgende Hypothesen aufgestellt:

- Durch die technische Analyse von großen Mengen an personenbezogenen Daten mithilfe von Data Mining Verfahren können Personen anhand der Ähnlichkeiten bezüglich der demographischen und psychologischen Daten in Gruppen unterteilt werden.
- Die Clusteranalyse eignet sich gut für die Unterteilung von Personen mit ähnlichen Eigenschaften in homogene Gruppen.

Folglich sollen folgende Fragen beantwortet werden:

- Woher und welche personenbezogenen Daten können erfasst werden? Welche sind käuflich erwerbbar? Zu welchen Daten hat man freien Zugang?
- Wie wird die Clusteranalyse technisch durchgeführt, um Daten zu auszuwerten?
- Welches Distanz- bzw. Ähnlichkeitsmaß ist für die Clusterbildung anhand von personenbezogenen Daten geeignet?
- Wie werden entstandene Cluster visualisiert und interpretiert?
- Wie wird die Güte der entstandenen Cluster evaluiert?

Um das Anwendungsszenario zu erarbeiten, werden diverse Quellen zum Thema Clusteranalyse recherchiert. Ebenso wird versucht, Informationen über die in der Praxis angewandten Methoden des Clustering Verfahrens zu finden.

# 3 Data Mining

In diesem Abschnitt werden Definitionen des Begriffs Data Mining aufgeführt und der Prozess anhand des CRISP-DM Modells beschrieben. Anschließend wird ein praktisches Beispiel zur Datenanalyse in der Politik mithilfe von Data Mining Verfahren geschildert. Zum Schluss wird die Clusteranalyse bzw. das k-Means Verfahren im Detail thematisiert, was im späteren Anwendungsszenario verwendet wird.

In ihrem Buch ´Data Mining´ definieren die Autoren Cleve und Lämmel den Begriff des Data Mining folgendermaßen: „Data Mining (Datenschürfen) ist die Extraktion von Wissen aus Daten." (Cleve & Lämmel, 2016, S. 38)
Somit wird aus Daten Wissen gewonnen, was vorher nicht offenkundig war. (Cleve & Lämmel, 2016, S. 38)

Eine andere Quelle beschreibt Data Mining als einen Prozess, in dem Muster und Wissen in großen Datenmengen herausgefunden werden. Daten können dabei in Datenbanken, Data Warehouses oder im Netz gespeichert sein. (Han, Pei, & Kamber, 2011, S. 8)

Im Rahmen des Data Mining werden zunächst geeignete Verfahren bzw. Algorithmen gewählt, um sie auf vorhandene Daten anzuwenden. Dabei ist die Auswahl des Verfahrens stark von der vorliegenden Aufgabe abhängig. Nachdem man sich für ein geeignetes Verfahren entschieden hat, werden Parameter vergeben bzw. festgelegt. Diese können beispielsweise die Auswahl der Attribute oder die Anzahl der Cluster sein. Anschließend werden mithilfe dieser Analysen auf Basis von ähnlichen Daten Muster ermittelt. Am Ende wird ein Modell angefertigt, mit dem die Daten evaluiert werden. (Cleve & Lämmel, 2016, S. 11)

Zu den Verfahren des Data Mining gehören Entscheidungsbäume im Rahmen von Klassifikationsanalysen, Neuronale Netze, Cluster- sowie Assoziationsanalysen. Mögliche Einsatzgebiete sind beispielsweise die Bonitätsbewertung, die Kundensegmentierung und die Warenkorbanalyse. (Chamoni, 2016)

Ein Modell, mit dem man den Data Mining Prozess veranschaulichen kann, ist das sogenannte CRISP-DM Modell, welches in Abbildung 1 zu sehen ist. Der Name steht für CRoss-Industry Standard Process for Data Mining. (Taylor, 2017)

**Abbildung 1: Das CRISP-DM Modell** (Taylor, 2017)

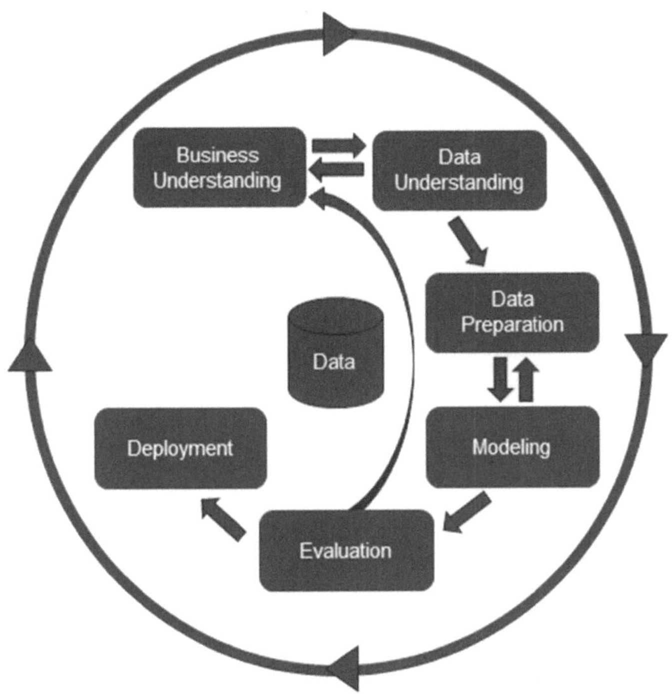


Das Modell besteht aus sechs Etappen, die nicht zwingend eine reine Abfolge darstellen. Es ist durchaus möglich, zwischen den Phasen zu wechseln. In der ersten Phase bzw. im ´Business Understanding´ geht es darum, eine präzise Aufgabe zu stellen und Ziele zu formulieren. Anschließend werden Daten im ´Data Understanding´ zusammengetragen und vorhandene Daten werden angeschaut. In dieser Phase werden auch eventuelle Schwierigkeiten festgestellt. Der endgültige Datensatz für das Modell wird in der darauf folgenden Phase bzw. im ´Data Preparation´ entwickelt. In der ´Modeling´ Phase kommen Data Mining Verfahren zur Anwendung. Dabei können mehrere geeignete Verfahren angewandt und Parameter verbessert werden. Welches Modell am besten den Anforderungen der Aufgabenstellung entspricht, wird in der

´Evaluation´ beurteilt. Zum Schluss wird das Resultat in der Phase ´Deployment´ zur Präsentation fertig gestellt. (Riepl, 2012)

Die erste Aufgabe der Phase ´Business Understanding´ ist die Definition der Ziele. Man erhält dadurch Zusammenhänge, den unternehmerischen Erfolg sowie zu den Zielen passende Merkmale. Weitere Aufgabe dieser Phase ist es, den Fall zu bewerten. Dazu gehört es, den Bestand und Bedarf an Ressourcen, Risiken und Haftungen sowie Kosten und Profit zu ermitteln. Darüber hinaus werden Ziele für das Data Mining definiert, woraus ebenfalls der Erfolg sowie die für die Analyse passenden Merkmale resultieren. Zuletzt wird in der ersten Phase ein Plan angefertigt, aus dem eine erste Beurteilung der Arbeitsmittel und Methoden folgt. (Wirth & Hipp, 2000, S. 6)

Im ´Data Understanding´ ist die erste Aufgabe, Daten zusammenzutragen, aus denen ein Bericht zur Datenerfassung erstellt wird. Danach werden die Daten beschrieben, neue Daten erforscht und die Qualität der Daten wird sichergestellt. Für jeden dieser Schritte wird ein entsprechender Bericht gefertigt. (Wirth & Hipp, 2000, S. 6)

Auf Basis der beschrifteten Daten werden in der Phase ´Data Preparation´ zunächst erforderliche Daten ausgewählt. Diese Daten werden dann gereinigt und es wird ein Bericht erstellt. Anschließend werden Daten konzipiert, aus denen Attribute resultieren. Darauf folgend werden die Daten zusammengeführt, wodurch integrierte Daten entstehen. Abschließend werden in dieser Phase die Daten formatiert, woraus sich umstrukturierte Daten ergeben. (Wirth & Hipp, 2000, S. 6)

Im ´Modeling´ werden als erstes Methoden zur Modellierung der Daten ausgewählt. Anschließend wird testweise eine Gestaltung fertig gestellt. Die geeigneten Modelle werden unter Berücksichtigung der Parameter und ihrer Einstellungen erstellt. Abschließend werden hierbei die Modelle bewertet und bei Bedarf Einstellungen angepasst. (Wirth & Hipp, 2000, S. 6)

In der darauf folgenden ´Evaluation´ Phase werden die Daten, die Data Mining Ergebnisse, der unternehmerische Erfolg, die Merkmale sowie die erstellten Modelle bewertet. Außerdem wird das genutzte Verfahren überprüft. Zum Schluss werden die nachfolgenden Maßnahmen und Handlungen sowie Entscheidungen festgelegt. (Wirth & Hipp, 2000, S. 6)

In der letzten Phase 'Deployment' werden zunächst Pläne erstens für die Bereitstellung der Ergebnisse und zweitens für die Überwachung und Wartung erstellt. Anschließend werden der Abschlussbericht und die Abschlusspräsentation angefertigt. Schließlich wird das ganze Projekt rückblickend rezensiert und dokumentiert, woraus eventuell neue Erkenntnisse und Erfahrung gewonnen werden können. (Wirth & Hipp, 2000, S. 6)

Ein praktisches Beispiel zu einer Datenanalyse in der Politik mittels Data Mining Verfahren stellt die Untersuchung des US Senats mit der Besetzung im Jahr 2003 dar. In dieser Analyse wurden die namentlichen Abstimmungen jedes der 100 Mitglieder zu diversen Themen festgehalten. Die Tabelle enthält die abzustimmenden Problematiken, die Namen der Senatsmitglieder, ihre Stimmen in Form von Ja, Nein oder nicht abgestimmt sowie das Ergebnis der gesamten Abstimmung. Der erste Datensatz aus dem Ausschnitt der Tabelle sieht wie folgt aus. (Jakulin, Buntine, La Pira, & Brasher, 2009)

**Abbildung 2: Abstimmung im US-Senat** (Jakulin, Buntine, La Pira, & Brasher, 2009)

| Issue | Breaux (D-LA) | Frist (R-TN) | Kerry (D-MA) | Kyl (R-AZ) | Levin (D-MI) | McCain (R-AZ) | Miller (D-GA) | Voinovich (R-OH) | Outcome |
|---|---|---|---|---|---|---|---|---|---|
| To provide additional funds for certain homeland security measures. | Yea | Nay | NV | Nay | Yea | Nay | Nay | Nay | Amendment Rejected |

Anhand dieser Daten wurden verschiedene Analysen durchgeführt und Ergebnisse veranschaulicht. Zweck dieser Untersuchung war es, den Einfluss jedes Mitglieds sowie jedes Staates auf die Wahlergebnisse aufzuzeigen. Darüber hinaus wurde beabsichtigt zu ermitteln, welche Mitglieder größtenteils gleiche Stimmen abgegeben haben. (Jakulin, Buntine, La Pira, & Brasher, 2009)

Zunächst wurde eine hierarchische Clusteranalyse mit der Rajski [3] Entfernung durchgeführt und das Ergebnis der Analyse in einem Dendrogram veranschaulicht (siehe Anhang Abb. 26). Es stellten sich zwei große Cluster heraus: die Demokraten und die Republikaner. Im Dendrogram sind sowohl eng miteinander verbundene Cluster

---

[3] „Measure of distance between variables; can also be calculated for objects: $d_{st} = 1 - \frac{H_{(s;t)}}{H_{(s,t)}}$ where $H_{(s;t)}$ is the mutual entropy for the objects (or the variables) $s$ and $t$. " (I. E. & Todeschini, 1994, S. 88)

als auch weit auseinander liegende Cluster zu erkennen. Mithilfe des Gibbs Sampling[4] wurden fünf Blöcke ermittelt. Durch die Färbung dieser Blöcke ist der Rang der Mitgliedschaft zu erkennen. Diese fünf Blöcke zeigen die Anzahl der Stimmen auf. Darin sind jeweils zwei Blöcke für die Minderheit sowie die Mehrheit der Demokraten und Republikaner enthalten. Den fünften Block bilden die nicht ausgerichteten Republikaner mit nur drei Stimmen. Jeder der fünf Blöcke kann als eine einzelne hoch gewichtete Stimme aufgefasst werden, da die gleiche Stimme von allen Blockmitgliedern abgegeben wurde. Dabei steht das Gewicht des Blocks im gleichen Verhältnis zu seiner Größe. Daraus resultiert, dass die Minder- und die Mehrheit der Republikaner den größten Einfluss haben. Die Minderheit der Demokraten sorgt gelegentlich für Einfluss und die Mehrheit der Demokraten nur selten. Es stellt sich heraus, dass Republikanische Blöcke zusammenhängender sind als die Demokratischen. (Jakulin, Buntine, La Pira, & Brasher, 2009)

Mit demselben Datenbestand wurden mehrere Analysen durchgeführt. Ein weiteres Verfahren darunter ist die Erstellung einer Ähnlichkeitsmatrix mit Berechnung der Rajski Entfernung. Die Ergebnisse der Untersuchung werden in einer symmetrischen Unähnlichkeitsmatrix grafisch veranschaulicht (siehe Anhang Abb. 27). Darin können die Mitglieder des Senats paarweise betrachtet werden. In der Grafik sind Quadrate am Kreuzpunkt der Namen mit unterschiedlich dunkler Verfärbung für jeweils alle Paare vorhanden. Falls zwei Mitglieder bzw. ein Paar eine ähnliche Stimme abgaben, ist ihr Quadrat dunkel gefärbt. Dementsprechend sind die Quadrate bei unterschiedlichen Stimmenabgaben hell gefärbt. (Jakulin, Buntine, La Pira, & Brasher, 2009)

In der Grafik sind drei große Cluster und eine Gruppe von Senatoren für jede Partei ersichtlich. Obwohl keine Informationen zu den Parteien bei der Berechnung berücksichtigt wurden, stimmen die großen Cluster mit den Parteien überein. Auffallend ist, dass die Stimmabgaben von John Kerry im Gegensatz zu seinen Parteikollegen denen der Republikaner ähneln. Dies kann darauf zurückgeführt werden, dass nicht zu jeder Problematik gestimmt wurde. (Jakulin, Buntine, La Pira, & Brasher, 2009)

Im Rahmen der Clusteranalyse werden auf Basis einer großen Datenmenge Objekte mit ähnlichen Merkmalen in homogene Gruppen bzw. Cluster zusammengefasst. Eine Clusteranalyse zielt auf das Aufteilen einer großen Menge in mehrere kleine Teile ab.

---

[4] „Gibbs-Sampling ist ein Algorithmus, um eine Folge von Stichproben der gemeinsamen Wahrscheinlichkeitsverteilung zweier oder mehrerer Zufallsvariablen zu erzeugen. Das Ziel ist es dabei, die unbekannte gemeinsame Verteilung zu approximieren." (Wikipedia (Hr.) (3), 2016)

Da Objekte nach ihrer Ähnlichkeit in Cluster zusammengeführt werden, sollen Objekte desselben Clusters annähernd gleich sein. Indes sollen sich diese im Hinblick auf die Merkmale von Objekten anderer Cluster deutlich unterscheiden. Für die Berechnung der Ähnlichkeit der Objekte stehen Distanz- bzw. Abstandsfunktionen zur Verfügung. (Cleve & Lämmel, 2016, S. 57)

Mithilfe von Abstandsmaßen kann man die Unähnlichkeit zwischen Objekten berechnen. Beispielsweise lautet der Abstand zwischen den Objekten $x$ und $y$

$$\text{dist}(x,y).$$

Nachdem die Distanz berechnet wurde, kann die Ähnlichkeit zwischen $x$ und $y$ bzw.

$$\text{simil}(x,y)$$

berechnet werden. Die Ähnlichkeit ist abhängig von der Distanz. Die beiden Maße werden im antiproportionalen Verhältnis interpretiert, d. h. ein kleiner Abstand bedeutet eine große Ähnlichkeit. Die Abstands- bzw. Distanzfunktion lautet nun:

$$\text{simil}(x,y) = f(\text{dist}(x,y)).$$

Es gibt einige Charakteristika, die so eine Distanzfunktion besitzen muss. Der Abstand zwischen $x$ und $y$ muss größer oder gleich 0 sein und der Abstand von $x$ zu sich selbst gleich 0. Darüber hinaus muss die Distanz von $x$ und $y$ gleich wie die Distanz von $y$ und $x$ sein. Diese Eigenschaft wird als kommutativ bezeichnet. Ferner muss die Summe der Abstände zwischen $x$ und einem Zwischenpunkt $z$ sowie $y$ und $z$ größer oder gleich wie der Abstand zwischen $x$ und $y$ sein. Dieses Merkmal wird Transitivität genannt. (Cleve & Lämmel, 2016, S. 43 f.)

Erforderliche Merkmale für Ähnlichkeitsmaße sind zum einen, dass die Ähnlichkeit von $x$ und $y$ größer oder gleich 0 sein muss. Darüber hinaus sollte die Ähnlichkeit von $x$ und $y$ genauso gleich wie die Ähnlichkeit von $y$ und $x$ sein. Ferner soll die Ähnlichkeit von $x$ und $y$ kleiner oder gleich wie die Ähnlichkeit von x zu sich selbst sein. Um die Ähnlichkeit von Vektoren zu berechnen, wird das Cosinus Maß verwendet. Dafür sind metrisch skalierte Daten nötig.

$$\cos(x, y) = \frac{x * y}{\sqrt{\sum_i x_i^2 * \sum_i y_i^2}} = \frac{\sum_i x_i * y_i}{\sqrt{\sum_i x_i^2 * \sum_i y_i^2}}$$

Das Ergebnis des Cosinus befindet sich im Intervall von [1;-1]. Wenn der Winkel von zwei Vektoren 0° ist, entspricht es einem Cosinus Wert von 1. Dies ist auf eine hohe Ähnlichkeit der Vektoren zurückzuführen. Je entgegengesetzter die Vektoren sind, desto kleiner wird der Cosinus Wert bzw. wandert zum negativen Bereich. Daraus kann eine hohe Unähnlichkeit abgeleitet werden. (Cleve & Lämmel, 2016, S. 46)

Bei Ausnahmefällen sollte das Objekt, ohne es einem Cluster zuzuordnen, separat behandelt werden. Im Rahmen der Clusteranalyse soll der Abstand zwischen den Objekten eines Clusters geringer sein als der Abstand zu den Objekten in anderen Clustern. Es kann durchaus vorkommen, dass ein Objekt eines Clusters eine größere Distanz zu den Objekten seines Clusters hat als zu einem Objekt in einem anderen Cluster. Bei solchen Fällen sollen die Objekte dem nächsten Repräsentanten eines Clusters eingruppiert werden (vgl. Abb. 3). (Cleve & Lämmel, 2016, S. 58)

Der Repräsentant eines Clusters kann entweder der Centroid eines Clusters bzw. der Mittelwert oder der Schwerpunkt, ein ausgewähltes Objekt eines Clusters sein oder nach Wahrscheinlichkeit verteilt werden. (Böhm, 2003, S. 9)

Abbildung 3: Schlechtes und optimales Clustering (Aßfalg, et al., 2003, S. 182)

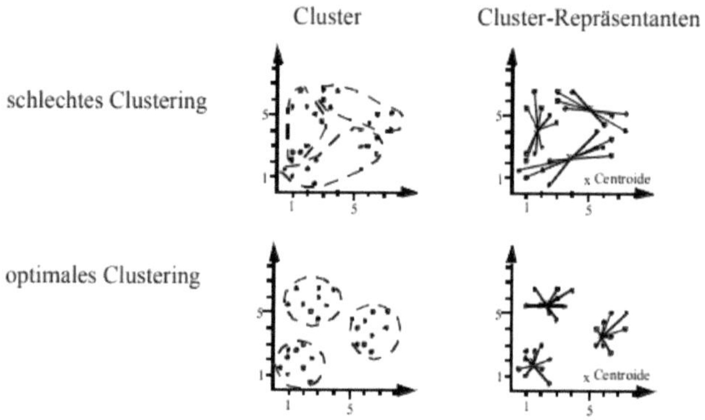


Die Clusteranalyse ist ein geeignetes Verfahren dafür, um beispielsweise Kunden mit ähnlichen Eigenschaften in einheitliche Gruppen zusammenzufassen und ihnen passende Produkte anzubieten. (Cleve & Lämmel, 2016, S. 58)

Zu den Clusterverfahren gehört die partitionierende, die hierarchische, die dichtebasierte Clusterbildung sowie die Clusterbildung mit Neuronalen Netzen. Beim Partitionierenden Verfahren wird zu Beginn eine Anzahl der Cluster k festgelegt. Für jedes Cluster werden Centroiden, sogenannte Clustermittelwerte gesetzt. Nun werden alle Objekte den Clustern zugeordnet. Dabei enthält jedes Cluster genau ein Centroid und jedes Objekt gehört nur zu einem Cluster. Diese Art von Clustern bezeichnet man als disjunkte Cluster. Die Zuordnung wird Schritt für Schritt optimiert, indem jedes Mal die Centroiden neu berechnet und die Objekte den Clustern der naheliegenden Centroiden zugeordnet werden. Auf diese Weise wird solange verfahren bis alle Objekte dem Cluster angehören, dessen Centroid ihnen am nächsten ist und keine Verbesserung mehr nötig ist. (Cleve & Lämmel, 2016, S. 137 f.)

Ein beliebtes Verfahren der partitionierenden Clusterbildung ist der k-Means-Algorithmus. Dabei wird zu Beginn der Analyse die Anzahl der zu erstellenden Cluster festgelegt. Die Schwerpunkte der Cluster bzw. die Centroiden werden anfangs nach Zufall bestimmt und dann schrittweise optimiert. (Cleve & Lämmel, 2016, S. 141)

Schrittweise werden zuerst k Punkte als initiale Centroiden ausgewählt. Im zweiten Schritt werden k Cluster erstellt, indem alle Objekte den nächstgelegenen Centroiden zugeordnet werden. Im dritten Schritt werden alle Centroiden neu berechnet. Die Schritte zwei und drei werden solange wiederholt bis sich die Centroiden nicht mehr verändern. (Merkl, 2008, S. 7)

Im folgenden Beispiel wird die beschriebene Vorgehensweise des k-Means-Algorithmus anhand von Datenpunkten in einem zwei dimensionalen Raum dargestellt. Dabei wird die Anzahl der Cluster auf k=4 gesetzt. Die Bestimmung der Centroiden erfolgt zufällig. In den folgenden Abbildungen sind die einzelnen Schritte visualisiert. Die verschiedenen Farben stehen jeweils für ein Cluster. Die Centroiden vor der Iteration sind mit einem ´o´ und Centroiden nach einer Iteration mit ´x´ gekennzeichnet. (Stotz, 2016, S. 13 f.)

**Abbildung 4: Datenpunkte und 1 Iteration (Stotz, 2016, S. 14)**

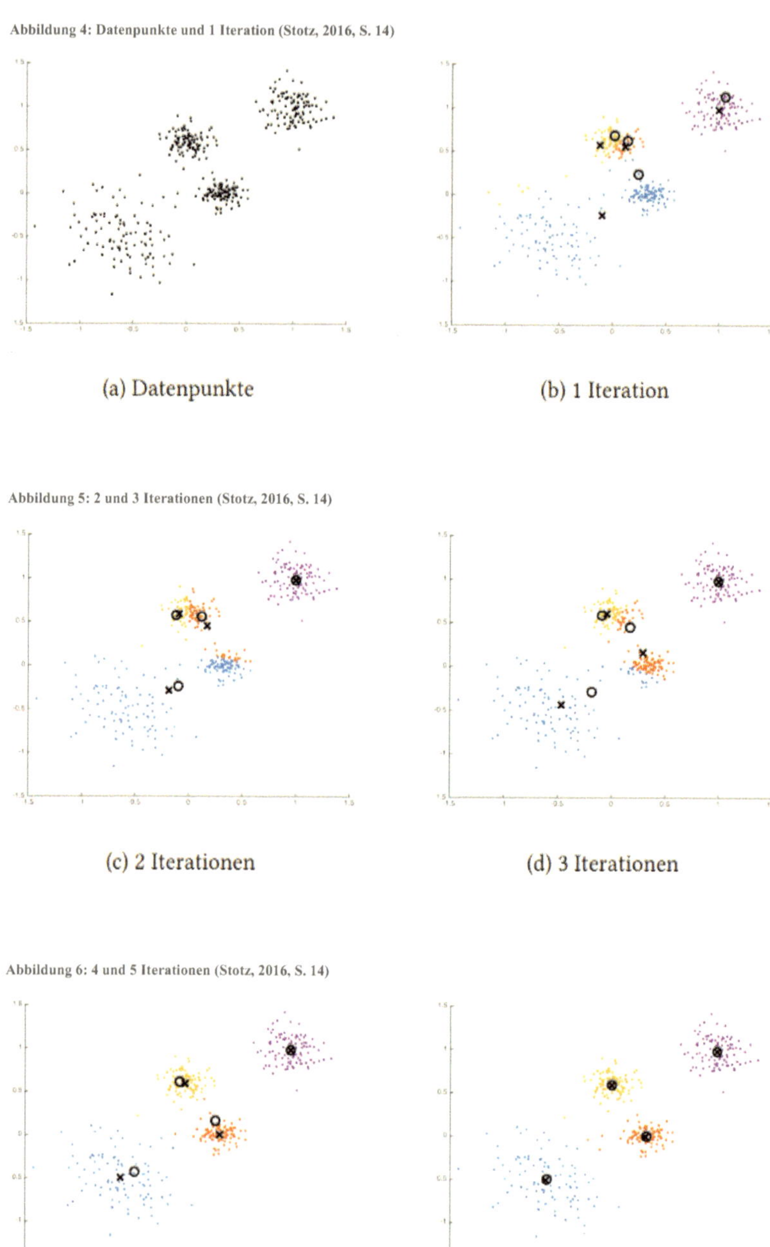

(a) Datenpunkte

(b) 1 Iteration

**Abbildung 5: 2 und 3 Iterationen (Stotz, 2016, S. 14)**

(c) 2 Iterationen

(d) 3 Iterationen

**Abbildung 6: 4 und 5 Iterationen (Stotz, 2016, S. 14)**

(e) 4 Iterationen

(f) 5 Iterationen

Obwohl für das k-Means Verfahren Iterationen nötig sind, sind diese verglichen mit anderen Verfahren nicht viele. Bei diesem Verfahren werden lediglich Abstände zwischen den Objekten berechnet und diese zu besser passenden Clustern neu zugeordnet. Daher ist die Implementierung des k-Means Verfahrens einfach. Darüber hinaus ist dies eine leicht verständliche Analysemethode. Aufgrund dieser Eigenschaften ist der k-Means-Algorithmus sehr beliebt. (Cleve & Lämmel, 2016, S. 143)

Zu den Nachteilen des k-Means Verfahrens zählt es, dass die Qualität der Clusterbildung davon abhängt, wie gut die initiale Zerteilung ist. Denn eine schlechte Zerteilung kann dazu führen, dass mehr Iterationen nötig sind und eventuell schlechte Ergebnisse entstehen. Da die Centroiden mit allen vorhandenen Objekten errechnet werden, können Ausreißer die Centroiden und somit die Cluster verziehen. Die Berechnung ist insgesamt aufwändig, weil die Distanzen in jeder Etappe neu berechnet werden. Es könnte ebenfalls unvorteilhaft sein, dass die Clusteranzahl zu Beginn der Analyse festgelegt werden muss. Dennoch ist das k-Means Verfahren ein guter Algorithmus für die Clusteranalyse. (Cleve & Lämmel, 2016, S. 143)

Im Buch Data Mining von Cleve und Lämmel wird das k-Means Verfahren anhand von vielen Beispielen erklärt. Eines dieser Beispiele zeigt die Umwandlung von textlichem Datenbestand in numerische Werte in Abhängigkeit ihrer Skalierung. Die Analyse wird auf Basis folgender Daten gestartet: (Cleve & Lämmel, 2016, S. 146)

Tabelle 1: Basisdaten für das k-Means Verfahren (Cleve & Lämmel, 2016, S. 146)

| Alter | Verheiratet | Eigenheim | Akademiker | Einkommen |
| --- | --- | --- | --- | --- |
| Alt | Ja | Ja | Ja | Hoch |
| Alt | Ja | Nein | Nein | Gering |
| Mittel | Nein | Nein | Nein | Gering |
| Mittel | Ja | Ja | Ja | Hoch |
| Jung | Nein | Nein | Nein | Gering |
| Jung | Ja | Nein | Nein | Mittel |
| Jung | Ja | Ja | Ja | Mittel |
| Alt | Nein | Ja | Nein | Hoch |

Da das k-Means Verfahren mit numerischen Werten arbeitet, werden die Einträge zunächst in Zahlen umgewandelt. Für nominal skalierte Attribute werden 0 und 1 eingetragen. Für ordinal skalierte Attribute, wie Alter und Einkommen können Bereiche wie 0, 0,5 und 1 definiert werden. Nach diesem Schritt sieht die Tabelle folgendermaßen aus: (Cleve & Lämmel, 2016, S. 146)

Tabelle 2: Numerische Werte für das k-Means Verfahren (Cleve & Lämmel, 2016, S. 146)

| Alter | Verheiratet | Eigenheim | Akademiker | Einkommen |
|---|---|---|---|---|
| 1 | 1 | 1 | 1 | 1 |
| 1 | 1 | 0 | 0 | 0 |
| 0,5 | 0 | 0 | 0 | 0 |
| 0,5 | 1 | 1 | 1 | 1 |
| 0 | 0 | 0 | 0 | 0 |
| 0 | 1 | 0 | 0 | 0,5 |
| 0 | 1 | 1 | 1 | 0,5 |
| 1 | 0 | 1 | 0 | 1 |

# 4 Microtargeting

In diesem Abschnitt werden Definitionen zum Begriff Targeting aufgeführt sowie Zweck, Ziel und Vorteile des Targetings kurz beschrieben. Anschließend werden drei oft genutzte Targeting Verfahren dargestellt. Abschließend wird das Microtargeting thematisiert.

Der Begriff des Targeting ist vom Bereich des Marketing bzw. Onlinemarketing bekannt. Targeting bezeichnet im Marketing das gezielte Ansprechen von Gruppen mit ähnlichen Eigenschaften. Zu diesem Zweck wird zunächst eine genaue Zielgruppe für die geplante Werbung definiert. „Grundsätzlich gilt: je genauer die Zielgruppe gefasst werden kann, desto feiner kann das Targeting erfolgen." (OnPage (Hr.))

Das Targeting soll im Bereich SEA dazu dienen, Streuverluste zu verhindern. Für das Targeting werden Cookies verwendet, d. h. der Werbetreibende ermittelt damit das Surfverhalten der Benutzer im Netz. Auf Grundlage der gewonnenen Daten ist es möglich, passgenaue Werbung zu schalten. (OnPage (Hr.))

Es stehen diverse technologische Verfahren zur Verfügung, um eine Werbekampagne im Internet der Zielgruppe entsprechend zu kontrollieren. (Onlinemarketing-Praxis (Hr.), kein Datum)

Vorteile des Targeting sind zum einen, dass Advertiser effizientere Werbung einblenden und zum anderen, dass Benutzer zu ihren Interessen passende Werbung sehen. (BVDW (Hr.), 2009, S. 2)

Die meist verwendeten Methoden für das Targeting sind u. a. das Content- oder Umfeldtargeting, das Such- oder Keyword-Targeting und das personalisierte Targeting. Beim Content- bzw. Umfeldtargeting werden Anzeigen genau dort platziert, wo sich die Zielgruppe am meisten aufhält. So werden Nutzer durch die vermittelte Botschaft angelockt. Ein Beispiel dafür ist etwa Werbung von Maggi Tütensuppen in der Frauenzeitschrift Brigitte. Sowohl die Zeitschrift als auch Maggi zielen auf die Gruppe der Hausfrauen ab. Daher eignet sich dieses Umfeld besonders gut für das Content. (Onlinemarketing (Hr.), kein Datum)

Das Keyword-Targeting lässt dem Nutzer auf Basis seines Suchterms, den er in seinem Browser eingibt, die für ihn passende Anzeige zukommen. Wenn z. B. jemand nach Schuhen sucht, werden ihm Werbeanzeigen von Schuhhändlern eingeblendet. Diese Art des Targeting hat die höchste Konversionsrate.[5] Denn Nutzer, die direkt eine Anzeige passend zu ihrer gewünschten Suche sehen, klicken dementsprechend eher auf die Werbung. (Onlinemarketing (Hr.), kein Datum)

Das personalisierte Targeting ist relativ neu. Dabei wird zum Profil des Nutzers passende Werbung angezeigt. Die meist genutzte unter den personalisierten Varianten ist das Retargeting. Dabei werden z. B. die besuchten Seiten eines Nutzers im Online-Shop gespeichert und zu einem anderen Zeitpunkt durch Werbeanzeigen empfohlen. (Onlinemarketing (Hr.), kein Datum)

Der Begriff des Microtargeting kam zum ersten Mal mit Zusammenhang mit den Wahlen in den Vereinigten Staaten auf. Nach der Definition von Tom Agan[6] ist Microtargeting das Verfahren, gelungene individuelle Botschaften und Angebote zu schaffen, ihren Effekt bzw. den Einfluss vorher so gut wie möglich abzuschätzen und die Nachrichten gezielt an Personen zu verschicken. Laut Agan wurden für das Targeting zunächst Postleitzahlen verwendet. Damit konnten die Zielgruppen geographisch aufgeteilt werden. Daher arbeitete man mit den Merkmalen jeder geografischen Lage, sodass den Empfängern dementsprechende Angebote geliefert werden konnten. Doch in den Jahren darauf wurden große Fortschritte gemacht, sodass nicht mehr nur Gruppen, sondern einzelne Personen gezielt angesprochen werden konnten. Dazu wurden Daten aus Benutzerprofilen von sozialen Netzwerken benutzt. Das Microtargeting hat sich so weit entwickelt, dass prognostiziert werden kann, wie die Empfänger auf die Botschaften reagieren werden. (Barbu, 2014, S. 44 f.)

Ferner wird das Microtargeting als eine weit entwickelte Gliederung definiert, die auf psycho– und geographischen Aspekten beruht. Zur Berechnung werden Algorithmen genutzt, wobei sowohl demographische als auch psychologische Eigenschaften einer Person berücksichtigt werden. Dadurch wird es möglich einzelne Personen in den Zielgruppen voneinander zu unterscheiden. (Barbu, 2014, S. 45)

Beim Microtargeting werden Nutzerdaten sowie demographische Daten eingeholt, um einzelne Personen oder Gruppen von Menschen mit sehr ähnlichen Eigenschaften sowie Interessen zu ermitteln und somit einen Einfluss auf ihr Verhalten sowie ihre Ansichten

---

[5] „Die Conversion Rate gibt an, wie viele Besucher eines Internet-Auftritts sich zu einer konkreten Handlung auf der Website bewegen lassen. Sie wird auch Konversionsrate oder Umwandlungsrate genannt." (Demling, 2015)
[6] Geschäftsführer von PBS in New York City

auszuüben. Entscheidend ist dabei, die Merkmale der Zielgruppe präzise zu identifizieren. (Rouse, 2013)

Beispielsweise werden bei der Erstellung eines Facebook Kontos personenbezogene Daten wie Vor– und Nachname, E-Mail Adresse, Geschlecht und Geburtsdatum eingetragen. Die Personaldaten werden um Informationen zum Wohnort, zum Heimatort, zur Religionszugehörigkeit, zu politischen Präferenzen, zum Beziehungsstatus, zur Bildung, zum Beruf, zur Anschrift, zur Mobiltelefonnummer, zu den ʹGefällt mir-Angabenʹ sowie um ein Bild ergänzt. Anhand der getätigten ʹGefällt mir-Angabenʹ auf anderen Facebook Seiten und Beiträgen entstehen charakteristische Informationen über den Nutzer wie bevorzugte Aktivitäten, Musik, Bücher, Filme, Serien und Marken. Immens viele Daten, die durch die Nutzer selbst bereitgestellt werden, werden in einer Datenbank für das Targeting gespeichert. (Barbu, 2014, S. 45)

Die Datenbanken werden mit den neu dazu kommenden Daten aktualisiert, um die Zielgruppen so genau wie möglich zu identifizieren. Darüber hinaus werden unmittelbar Daten wie der Standort der Person, seine Vorlieben und Interessen festgehalten. Der Standort der Person könnte gut dafür genutzt werden, um eine Anzeige von einem nahegelegenen Produkt oder einer Dienstleistung einzublenden, von denen der Nutzer Gebrauch machen könnte. Durch das Einblenden von Werbeanzeigen, die genau zu den Interessen der Nutzer passen, wird verhindert, dass Nutzer aufgrund der vielen allgemein jedem versendeten Anzeigen unzufrieden werden. (Barbu, 2014, S. 45)

Werbetreibende profitieren bei dieser Technik von der Nutzung echter Daten und müssen nicht mit Statistiken der Marktforschung arbeiten, die nur von Schätzungen ausgehen. (Barbu, 2014, S. 46)

Laut Dave Kerpen[7] liegen dem Microtargeting drei Schritte zu Grunde. Zuerst sollen die Bedürfnisse einer Zielgruppe festgelegt werden. Dafür wird das betroffene Marktsegment untersucht, wobei die Verhaltensweisen der Nutzer auf sozialen Netzwerken sowie ihr Verbraucherverhalten bei vergleichbaren Gütern betrachtet werden. Als nächstes wird ein den Bedürfnissen der Zielgruppe entsprechendes Produkt angefertigt. Schließlich wird das Produkt der Zielgruppe im Rahmen des Microtargeting vorgestellt. Dazu gehört auch die Bewertung des Ergebnisses. (Barbu, 2014, S. 47) Die

---

[7] Unternehmer, Autor, Reality-TV-Persönlichkeit, Verfasser von *Likeable Social Media* und CEO von Likeable Media (Wikipedia (Hr.) (1), 2017)

dargestellten Schritte können auf politische Wahlkämpfe übertragen werden, indem im Kontext angebotene Produkte durch politische Botschaften ersetzt werden.

Microtargeting ist eine Strategie des Marketing, die auf Grundlage von Daten funktioniert. Daher sind große und mehrteilige Datenbanken nötig. Diese Datenbanken enthalten Informationen über Personen beispielsweise darüber, welche Partei sie unterstützen und wie oft sie wählen gehen. Mit zusätzlichen Daten, die von Datendienstleistern beschafft werden können, werden die vorhandenen Daten in Relation gesetzt. Anschließend wird eine Clusteranalyse durchgeführt, um einzelne Gruppen zu ermitteln. Auf diese Weise ist es möglich, vorherzusagen, welche Personen welche Partei bevorzugen und auf welche Problematiken sie besonderen Wert legen. Nachdem präzise Daten vorliegen, werden über verschiedene Kanäle gezielte Nachrichten an die richtigen Personen verschickt. Diese Kanäle reichen von der schriftlichen wie auch elektronischen Post bis zu Radio Spots. Somit sollen die Empfänger der Botschaften dazu bewegt werden, die Partei zu unterstützen. (Wenzel, 2016)

Zusammengefasst heißt dies, dass zunächst Daten gesammelt, ausgewertet und aufbereitet werden. Mit der geeigneten technischen Methode werden die Daten anschließend verarbeitet. Ferner werden die Personen, deren Daten vorliegen, in homogene Gruppen aufgegliedert. Schließlich werden die zu versendenden Inhalte und Botschaften fertig gestellt. (Wenzel, 2016)

# 5 Anwendungsszenario

In diesem Abschnitt wird ein mögliches Anwendungsszenario für eine Clusterbildung anhand von persönlichen und psychologischen Daten aufgestellt. Hierzu wird zuerst beschrieben, welche personenbezogenen Daten wo und in welcher Form erhältlich sind. Nachdem die Datengrundlage inklusive Variablen und Datensätze festgelegt ist, wird mithilfe von RapidMiner Studio eine geeignete Clusteranalyse durchgeführt. Die Ergebnisse der Clusterbildung werden im darauf folgenden Abschnitt zunächst präsentiert und anschließend evaluiert.

## 5.1 Datengrundlage

Im ersten Abschnitt wurde bereits erläutert, dass in den USA jede Art von personenbezogenen Daten von Daten- und Informationsdienstleistern käuflich erwerbbar sind. Nun sollen Möglichkeiten des Zugangs zu solchen Daten in Deutschland näher beschrieben werden.

Im Bundesdatenschutzgesetz werden personenbezogene Daten folgendermaßen definiert: „Personenbezogene Daten sind Einzelangaben über persönliche oder sachliche Verhältnisse einer bestimmten oder bestimmbaren natürlichen Person (Betroffener)." (§ 3 Abs. 1 BDSG)

Personenbezogene Daten sind Informationen über eine Person wie beispielsweise Name, Alter, Familienstand, Geburtsdatum, Anschrift, Mail Adresse, Telefon-, Konto-, Personalausweis- und Sozialversicherungsnummer sowie Kfz-Kennzeichen, genetische Daten und Zeugnisse. (LDI-NRW (Hr.), kein Datum)

Grundlegende Daten wie Name, Anschrift und Doktorgrad können bei Einwohnermeldeämtern abgefragt werden. Diese werden jedem Anfrager auf schriftlichem oder elektronischem Weg bekannt gegeben. Um eine Person eindeutig zu finden, werden einige Merkmale wie Name oder Geburtsdatum verlangt. Für jede angefragte Melderegisterauskunft sind Gebühren fällig. Die Gebühren für die Bearbeitung einer Anfrage liegen zwischen fünf und dreizehn Euro. (Einwohnermeldeamt (Hr.), kein Datum)

Laut ´The Guardian´ gibt es drei Arten von Daten, die Unternehmen erwerben. Eines davon sind sogenannte freiwillige Daten. Dabei handelt es sich um persönliche Informationen, die der Nutzer beispielsweise selber auf seinen Social Media Konten teilt. Darüber hinaus existieren sogenannte beobachtete Daten, die gewonnen werden, indem Handlungen eines Individuums verfolgt und aufgezeichnet werden. Dies gelingt beispielsweise durch die Standortermittlung mittels genutzter Smartphones. Ferner können aus diesen beiden Arten von Daten weitere Informationen hergeleitet werden, welche abgeleitete Daten genannt werden. Die Beschaffungskotsen für freiwillige und beobachtete Daten sind nach dem Bericht im ´Guardian´ relativ gering, zumal Unternehmen auch nicht einzelne Daten, sondern große Pakete kaufen. Nach dem Bericht in den ´Financial Times´ kosten die Daten eines Einzelnen in einem Gesamtpaket von 1000 Daten etwa $ 0,083. (Ehrenberg, 2014)

Große Informations- und Datenanbieter sind u.a. Konzerne wie Acxiom, Datalogix, Rapleaf, Core Logic und PeekYou. Darunter besitzt Acxiom mehr als 700 Millionen Verbraucherprofile, worunter sich 40 Millionen Profile aus Deutschland befinden. In 15.000 Datenbanken pflegt Acxiom für jeden Haushalt 1.500 Details. Es unterteilt die Bevölkerung in Deutschland in 14 Hauptgruppen nach Merkmalen wie Alter, Familienstand, Sozialstatus und anschließend in 200 Untergruppen nach vielen anderen Merkmalen. Dabei berücksichtigt Acxiom Interessen in Sport, Freizeit, Technik, Telekommunikation und Tourismus. Einer der Kunden von Acxiom ist Facebook, der eine genauere Zielgruppenidentifizierung für seine Werbekunden ermöglichen möchte. Der Datendienstleister arbeitet auch mit ImmobilienScout24 zusammen, um Daten zu Vermietungen und Verkäufen von Immobilien mit eigenen Daten zu fusionieren. (Morgenroth, 2016)

Die Washington Post untersuchte, welche Daten Facebook in den USA erhebt und für Werbezwecke nutzt. Durch die große Menge an Detaildaten ist die Ausstrahlung von sehr genau gezielten Werbebotschaften möglich. Bei der Untersuchung wurden 98 Arten von Daten ermittelt (siehe Anhang). Neben demografischen Daten befinden sich ebenso Daten zur ethnischen Zugehörigkeit, Hausbesitz und –wert, Beziehungsstatus, Konservative und Liberale, Nutzung einer Kreditkarte, Kauf von Produkten z.B. Kosmetikprodukte usw. (Tischbein, 2016)

In dieser Thesis werden für die Clusterbildung personenbezogene Daten aus dem sozialen Netzwerk Facebook als Basis genommen. Denn auf der Plattform sind die meisten und detailliertesten Informationen über Personen zu finden. Details beispielsweise über Vorlieben und Interessen sind entscheidend dafür, um erstens die Personen so gut wie möglich zu identifizieren. Denn je mehr Informationen über die Objekte vorhanden sind, desto besser können sie dem bestgeeigneten Cluster zugeordnet werden. Zweitens sollen Zusammenhänge zwischen den Interessen einer Person und ihrer politischen Orientierung hergestellt werden. Zunächst werden dafür Variablen festgelegt, die eventuell in die Analyse einfließen. Um die Cluster zu bilden, werden ca. 30 Datensätze erstellt. Die dafür nötigen Daten werden aus Facebook Profilen von Nutzern entnommen bzw. geschätzt. Die Analyse beschränkt sich auf das geographische Gebiet der Vereinigten Staaten.

Zu Beginn der Datenerhebung wurden die öffentlichen Facebook Seiten von Donald Trump und Hillary Clinton sowie positive Beiträge über sie betrachtet. Die persönlichen Profile der Personen, die diese Beiträge mit einen 'Gefällt mir' oder einem 'Herz' markiert haben, wurden näher analysiert. Falls die für die Analyse nötigen Informationen auf dem Profil ersichtlich waren, wurde ein Datensatz erstellt. Dabei wurden folgende Informationen erhoben: Alter, Wohnort, Bildungsgrad, Einkommen, Familienstand, politische Ansicht, Religionszugehörigkeit, persönliche Interessen, bevorzugte Produkte, bevorzugte Fernsehsendungen, bevorzugte Filmgenres und bevorzugte Musikgenres. Für die Variable Alter wurden drei Bereiche definiert. Personen in der Altersgruppe 18 bis 30 Jahren wurden als jung, Personen von 31 bis 50 Jahren als mittel und Nutzer von 51 bis 90 Jahren als alt eingeordnet. Für jedes dieser Kategorien werden numerische Werte von 0 bis 1 vergeben. Da die Variable Alter ordinal skaliert ist, wurde für jung die 0, für mittel die 0,5 und für alt die 1 eingetragen. Falls das Alter des Nutzers nicht öffentlich sichtbar war, wurde das Alter entweder nach dem Abschlussjahr oder dem Foto geschätzt.

Der Wohnort der Nutzer kann beliebig sein, sodass es viele mögliche Ausprägungen gibt. Daher wurde die Variable dichotomisiert und es wurden vier Variablen festgelegt. Diese sind Norden_jn, Süden_jn, Westen_jn und Osten_jn. Die einzelnen Staaten wurden in diese Kategorien eingeordnet. Somit gehören zu der Variable Norden_jn die Staaten Alaska, Montana, Idaho, Wyoming, North Dakota, South Dakota, Nebraska, Minnesota, Iowa, Wiskonsin, Illinois und Michigan. Der Süden beinhaltet die Staaten Utah, Arizona, Colorado, Neu Mexiko, Kansas, Oklahoma, Texas, Missouri, Arkansas, Louisiana und Hawaii. Für den Westen wurden folgende Staaten ausgewählt: Washington, Oregon, Nevada, Kalifornien. Die östlich gelegenen Staaten wurden der

Variable Osten_jn zugeordnet. Diese sind Indiana, Kentucky, Tennessee, Mississippi, Ohio, Alabama, New York, Pennsylvania, West-Virginia, Virginia, North Carolina, South Carolina, Georgia, Florida, Maine, Massachusetts, Rhode Island, Connecticut, New Jersey, Delaware, Maryland, Washington, New Hampshire und Vermont. Im gesamten Datenbestand wurden solche Profile beachtet, in denen der aktuelle Wohnort eingetragen und öffentlich sichtbar ist.

Der Bildungsgrad der Nutzer wurde nur hinsichtlich des akademischen Grades ermittelt. Falls der Nutzer einen Abschluss von einer Universität oder einem College angegeben hat, wurde hierfür eine 1, andernfalls eine 0 eingetragen. Genauso wurde der Familienstand ermittelt. Falls der Nutzer verheiratet ist, wurde eine 0, andernfalls eine 1 vermerkt.

Für das Einkommen wurden genauso wie für das Alter drei Bereiche bestimmt. Für ein Brutto Monatseinkommen von unter $ 2.500 wurde niedrig, für ein Einkommen von $ 2.500 bis $ 4.000 wurde mittel und für ein Gehalt von über $ 4.000 wurde hoch eingetragen. Da es nicht üblich ist das Einkommen auf sozialen Netzwerken bekannt zu geben, wurde dieses Kriterium aus den Angaben zu Bildung, Beruf und den Informationen aus der Chronik geschätzt.

Die politische Ansicht wurde auch dichotomisiert und es wurden die beiden Variablen liberal_jn und konservativ_jn erstellt. Facebook Nutzer, die positive Beiträge über Hillary Clinton mit einem ′Gefällt mir′ versehen haben, wurden in die Kategorie der Liberalen eingeteilt. Wiederum wurden Nutzer mit ′Gefällt mir-Angaben′ für positive Beiträge über Donald Trump als Konservative eingeordnet. Denn die Republikanische Partei gilt als eine konservativ ausgerichtete und die Demokratische Partei als eine liberal eingestellte Partei.

Ferner wurden mithilfe von ′Gefällt mir-Angaben′ auf anderen Facebook Seiten, den Beiträgen in der Chronik sowie den geteilten Fotos und Videos die Interessen des Nutzers ermittelt. Diese wurden zunächst textlich in die Tabelle eingetragen. Anschließend wurden Variablen aus den Einträgen erstellt, die am häufigsten vorkamen. Auf diese Weise entstanden folgende Variablen zu dieser Kategorie: Sport_jn, Garten_jn, Games_jn, Küche_jn, Kinder_jn, Kunst_jn, Tiere_jn, Feiern_jn, Reisen_jn und Gewehr_jn. Unter dem Punkt Garten sind alle Vorlieben zusammengefasst, die mit Blumen, Pflanzen, dem Anbau bzw. der Landwirtschaft und der Natur zu tun haben. Die

Variable Kunst_jn beinhaltet ebenso das besondere Interesse für Musik, Musiker, Instrumente sowie Poesie und Literatur.

Aus den Interessen wurden bevorzugte Produkte abgeleitet, die diejenige Person häufig kaufen könnte. Nachdem die Daten erhoben wurden, wurden dementsprechend folgende dichotomisierte Variablen erstellt: Lebensmittel_jn, Gartenutensilien_jn Spiele_jn, Musik_jn, Reiseequipment_jn, Kosmetik_jn, Kleidung_jn, Kinderartikel_jn, Tierartikel_jn, Waffenzubehör_jn und Kunstartikel_jn. Alle Variablen wurden mit den Werten 1 für trifft zu und 0 für trifft nicht zu versehen. Unter Kosmetikprodukten sind Make-up und Pflegeprodukte zusammengefasst. Kinderartikel bezeichnen beispielsweise Kinderkleidung, Spielzeuge und Sonstiges. Zu Tierartikeln zählen Tierfutter, Klamotten und Sonstiges. Mit Kunstartikeln sind Malutensilien sowie Gemälde gemeint.

Des Weiteren wurden anhand von ʹGefällt mir-Angabenʹ bevorzugte Fernsehsendungen der Nutzer ermittelt. Hierfür wurden nach der Erhebung folgende Variablen erstellt: Reality-Shows_jn, Nachrichten_jn, Serien_jn, Current-affairs_jn, Sportsendung_jn und Doku-Serie_jn. Mit Reality-Shows sind Castingshows wie ʹThe Voiceʹ und Serienformate wie ʹBig Brotherʹ gemeint. Unter Serien fallen solche wie ʹGrey's Anatomyʹ oder ʹPrison Breakʹ. Die Variable Current_affairs_jn steht für Informationssendungen wie z. B. ʹTucker Carlson Tonightʹ, welche überwiegend von konservativen Personen bevorzugt wird.

Als nächstes wurden bevorzugte Filmgenres wieder anhand von ʹGefällt mir-Angabenʹ erhoben. Hierfür wurden sieben Variablen erstellt. Diese sind Science-Fiction_jn, Drama_jn, Dokumentarfilm_jn, Liebesfilm_jn, Action_jn, Geschichte_jn und Komödie_jn. Zutreffendes wurde hier ebenfalls mit einer 1 vermerkt.

Zuletzt wurden mit demselben Prinzip die bevorzugten Musikgenres ermittelt. Hierfür wurden die Variablen Pop_jn, Rock_jn, Country_jn, Blues_jn, R&B_jn und Christian_jn festgelegt. Unter Popmusik wurden auch Genres wie Rap und Hip-Hop zusammengefasst. Rock_jn steht ebenso für Electro –und Metalmusik, während die Musikrichtungen Jazz und Soul unter Blues zusammengefasst sind.

Insgesamt wurden für 50 Variablen 38 Datensätze erhoben. Da anfangs die Anzahl an Datensätzen auf 30 festgelegt wurde, wurden einige Datensätze aufgrund der Unvollständigkeit selektiert und für die weitere Analyse ignoriert. Somit ergab sich ein

Verhältnis von 17 zu 13, d. h. die Daten bestanden aus den Informationen von 17 konservativen und 13 liberalen Personen. Während der Recherche bzw. Untersuchung der Nutzerprofile fiel auf, dass konservative Menschen viel mehr persönliche Informationen über sich selbst auf Facebook veröffentlichen als die Liberalen. Denn die Datenerhebung der Befürworter von Trump vollzog sich einfacher und schneller, da bei fast jedem betrachteten Profil die gesuchten Daten eingetragen und öffentlich sichtbar waren. Demgegenüber dauerte die Datenerhebung der Befürworter der Demokratischen Partei länger. Denn es mussten viel mehr Profile untersucht werden, da viele entweder keine oder nur wenige bzw. für die Analyse unzureichende Daten über sich veröffentlichen. Daher ergab es sich am Ende, dass weniger Datensätze zu den Liberalen bestehen als zu den Konservativen.

Für eine Analyse mit Daten sind pro Variable drei bis fünf Datensätze nötig. In diesem Fall existieren zu 50 Variablen nur 30 Datensätze. Da unter diesen Umständen keine ordentlichen Ergebnisse aus der Analyse zu erwarten sind, wurde die Summe der Einträge jeder Variable betrachtet. Demografische Daten sowie Variablen mit der höchsten Anzahl an Einträgen wurden für die Analyse verwendet. Diese sind Alter, die Wohnorte Süden_jn und Westen_jn, Akademiker, Einkommen, verheiratet, konservativ_jn, Interessen wie Sport_jn und Kunst_jn, bevorzugte Fernsehsendungen wie Reality-Shows_jn, Serien_jn und Current-affairs_jn, die Filmgenres Drama_jn und Science-Ficton_jn sowie die Musikgenres Pop_jn und Country_jn. Da die Personen bei der Datenerhebung politisch entweder zu den Liberalen oder den Konservativen zugeordnet wurden, genügt es hier nur eine Variable hinsichtlich der politischen Ansicht zu verwenden. In der folgenden Tabelle sind Beispiele zu zwei Datensätzen aus dem Datenbestand zu sehen, welche für die Clusteranalyse genutzt wurden.

Tabelle 3: Beispieldatensätze

| Attribut | Datensatz 1 | Datensatz 2 |
| --- | --- | --- |
| Alter | 0 | 0,5 |
| Westen_jn | 0 | 1 |
| Norden_jn | 0 | 0 |
| Süden_jn | 1 | 0 |
| Osten_jn | 0 | 0 |
| Akademiker | 1 | 1 |

| Einkommen | 0,5 | 1 |
|---|---|---|
| Verheiratet | 0 | 1 |
| Konservativ_jn | 0 | 1 |
| Liberal_jn | 1 | 0 |
| Sport_jn | 0 | 0 |
| Garten_jn | 1 | 0 |
| Games_jn | 0 | 0 |
| Küche_jn | 0 | 0 |
| Kinder_jn | 0 | 1 |
| Kunst_jn | 0 | 0 |
| Tiere_jn | 0 | 0 |
| Feiern_jn | 0 | 0 |
| Reisen_jn | 1 | 0 |
| Gewehr_jn | 0 | 0 |
| Essen_jn | 0 | 0 |
| Gartenutensilien_jn | 1 | 0 |
| Spiele_jn | 0 | 0 |
| Musik_jn | 0 | 0 |
| Reiseequipment_jn | 1 | 0 |
| Kosmetik_jn | 0 | 0 |
| Kleidung_jn | 0 | 0 |
| Kinderartikel_jn | 0 | 1 |
| Tierartikel_jn | 0 | 0 |
| Waffenzubehör_jn | 0 | 0 |
| Kunstartikel_jn | 0 | 0 |
| Reality-Shows_jn | 0 | 0 |
| Nachrichten_jn | 0 | 0 |
| Serien_jn | 1 | 0 |
| Current-affairs_jn | 0 | 1 |
| Sportsendung_jn | 0 | 0 |
| Doku-Serie_jn | 0 | 0 |
| Science-Fiction_jn | 1 | 0 |
| Drama_jn | 0 | 1 |

| | | |
|---|---|---|
| Dokumentarfilm_jn | 0 | 1 |
| Liebesfilm_jn | 0 | 0 |
| Action_jn | 1 | 1 |
| Geschichte_jn | 0 | 0 |
| Komödie_jn | 0 | 0 |
| Pop_jn | 1 | 1 |
| Rock_jn | 1 | 0 |
| Country_jn | 0 | 1 |
| Blues_jn | 0 | 0 |
| R&B_jn | 0 | 0 |
| Christian_jn | 0 | 0 |

## 5.2 Clusterbildung mit RapidMiner

Die Clusteranalyse wird im RapidMiner Studio durchgeführt. Dies ist eine Plattform, mit der Analysen in Prozessen für verschiedene Bereiche wie für das Data Mining durchgeführt werden kann. (RapidMiner (Hr.) (1), RapidMiner Studio, 2017)

Um die erstellte Datentabelle in den Prozess einzulesen, wird der Operator ´Read Excel´ in den Prozess eingefügt (vgl. Abb. 7). Rechts in der Parametereinsicht werden die Einstellungen für die Operatoren vorgenommen. Durch den Button ´Import Configuration Wizard´ werden die Datei und das Arbeitsblatt ausgewählt. Die erste Zeile erhält die Annotation ´Name´, damit die Einträge in der Zeile als Attributnamen wahrgenommen werden (vgl. Abb. 8). Es können außerdem Einstellungen am Skalenniveau der Attribute vorgenommen werden (vgl. Abb. 9). Nachdem alle Einstellungen an den Daten vorgenommen wurden, wird das Fenster mit ´Finish´ beendet und geschlossen. Nach Ausführen dieses Operators wird der Inhalt der Excel-Datei in einer Tabelle mit den Metadaten ausgegeben.

Abbildung 7: Operator ´Read Excel´

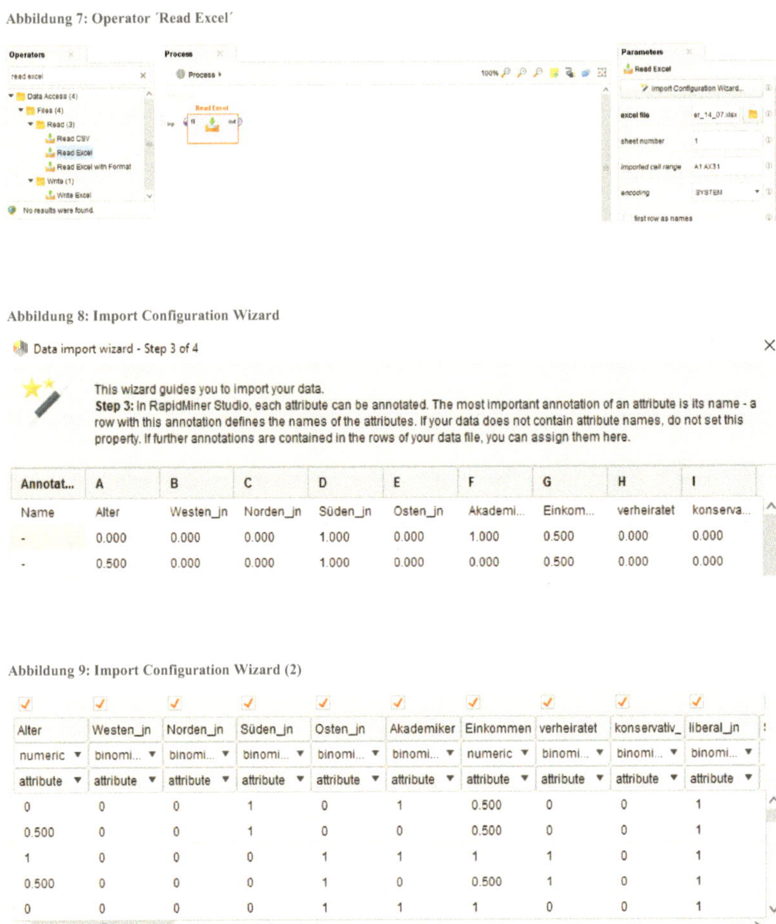

Abbildung 8: Import Configuration Wizard

Abbildung 9: Import Configuration Wizard (2)

Als nächstes soll für jeden Datensatz eine eindeutige ID Nummer vergeben werden. Dies gelingt mit dem Operator ´Generate ID´, der eine zusätzliche Spalte erzeugt und die IDs für alle Datensätze einträgt. Dieser Operator wird mit dem ersten Operator ´Read Excel´ verbunden (vgl. Abb. 10) Nachdem der Prozess ausgeführt wird, erscheint dieselbe Tabelle mit einer zusätzlichen Spalte, die die Einträge für die Identifikationsnummern enthält.

Abbildung 10: Operator ´Generate ID´

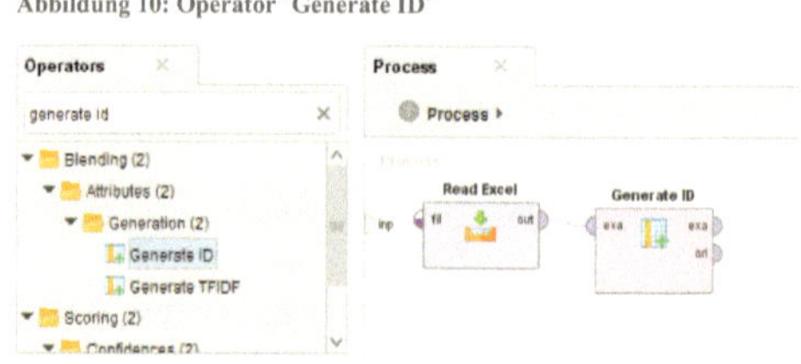

In den Prozess wurde die vollständige Datei mit 50 Variablen eingelesen. Jedoch werden nur bestimmte Variablen für die Clusteranalyse genutzt, die im vorigen Unterkapitel genannt wurden. Daher werden mittels ´Select Attributes´ die Variablen selektiert, die nicht für die Analyse verwendet werden. Um das umzusetzen, wird zuerst der Operator in den Prozess eingefügt und mit ´Generate ID´ verknüpft. Anschließend wird in der Parameteransicht ´attribute filter type´ auf ´subset´ gesetzt, weil eine Teilmenge aus dem Ganzen selektiert wird (vgl. Abb. 11). Danach erscheint der Button ´Select Attributes´, worin die Variablen aus der Liste aussortiert werden (vgl. Abb. 12). Zusätzlich wird ein Häkchen bei ´invert selection´ gesetzt, um die restlichen Attribute zu behalten. Im Output werden in der Tabelle nur die für die Analyse ausgewählten Attribute angezeigt.

Abbildung 11: Operator ´Select Attributes´

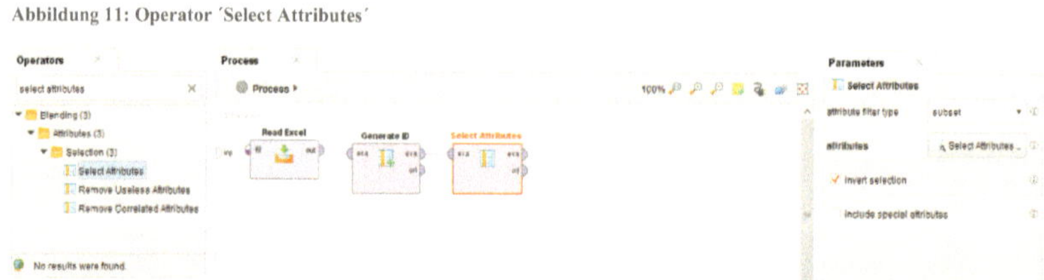

Abbildung 12: Parametereinstellung des ´Select Attributes´

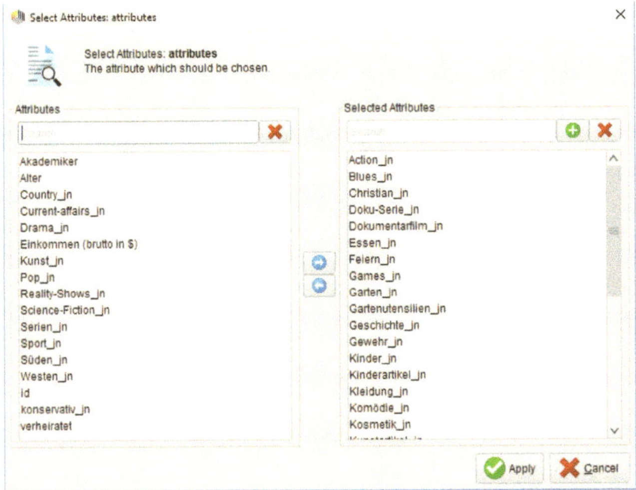

Im nächsten Schritt werden für einige Variablen Rollen vergeben. Hierfür wird der Operator ´Set Role´ eingefügt. Mit dem Operator ´Generate ID´ wurden in einer zusätzlichen Spalte IDs vergeben. Nun soll dieser Spalte die Rolle ID zugeteilt werden. In den Parametereinstellungen wird das Attribut ID ausgewählt und diesem die Zielrolle ID vergeben, damit die Einträge in dieser Spalte nicht als beliebige numerische Werte, sondern als eindeutige Identifikationsnummern der Datensätze interpretiert werden sollen (vgl. Abb. 13).

Abbildung 13: Operator ´Set Role´

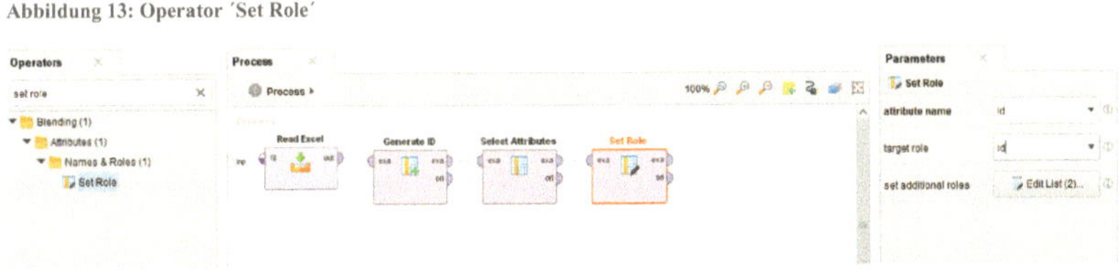

Wie schon unter 5.1 Datengrundlage beschrieben, wurde bei der Datenerhebung die politische Ansicht der Nutzer als Basis genommen. Dies wurde sowohl in die Datentabelle eingetragen als auch in RapidMiner eingelesen und für die Clusteranalyse selektiert. Nun werden die Daten zur politischen Ansicht bei der weiteren Analyse ignoriert. Denn es wird untersucht, ob auf diese Weise solche Cluster erzeugt werden, die zum größten Teil Personen mit derselben politischen Ansicht beinhalten. Um das umzusetzen, werden zusätzliche Rollen vergeben. Nach einem Klick auf den Button 'Edit List' wird die Variable konservativ_jn ausgewählt und die Rolle 'ignore' festgelegt (vgl. Abb. 14).

Abbildung 14: Parametereinstellung 'Set Role'

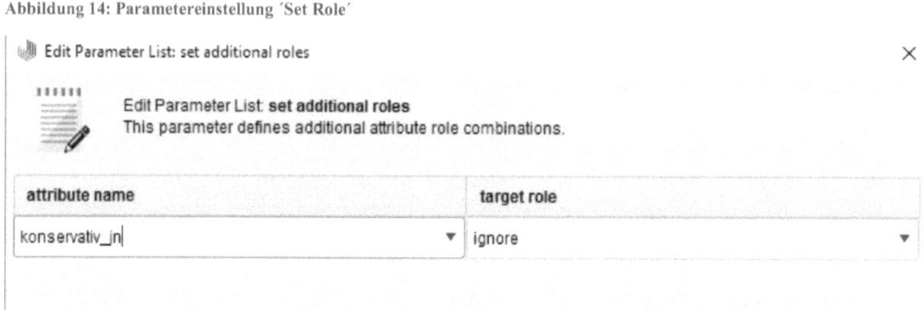

Die Datensätze müssen zufällig sortiert werden, weil das k-Means Verfahren angewendet wird und dessen Resultate von der Reihenfolge der Daten abhängig sind. Dies gelingt mit dem Operator 'Shuffle' und mit einem Startwert für den Zufallsgenerator (vgl. Abb. 15).

Abbildung 15: Operator 'Shuffle'

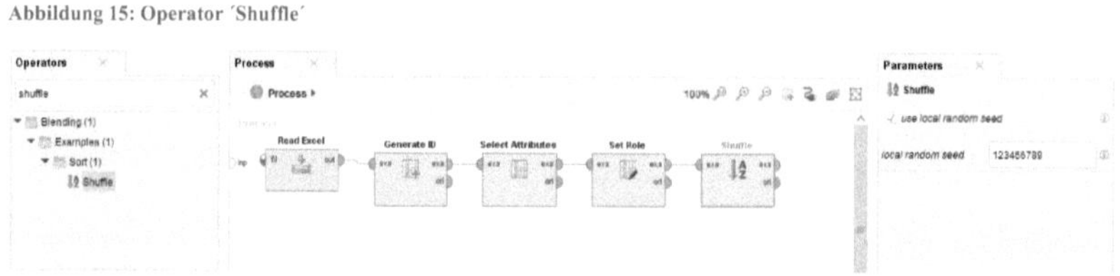

Nachdem die Vorbereitungen fertig sind, wird der k-Means-Algorithmus der Clusteranalyse auf die Daten angewendet. Dafür wird der Operator 'Clustering (k-Means)' in den Prozess eingefügt und mit 'Shuffle' verknüpft (vgl. Abb. 16). Objekte, die einander ähnlich und den Objekten anderer Cluster unähnlich sind, werden in eine Gruppe gesetzt. Dabei wird jedes Objekt bzw. jeder Datensatz nur einem der Cluster zugeordnet. Die Ähnlichkeit der Objekte zueinander wird anhand eines Distanzmaßes berechnet. Hierzu wird zunächst der Centroid für jeden Cluster ermittelt. Dieser soll der Durchschnitt aller Attributwerte der vorhandenen Objekte in diesem Cluster sein. Üblicherweise wird ein fiktiver Punkt gebildet, der nicht dem Cluster angehört. Zu Beginn wird die Clusteranzahl k festgelegt. Die Anzahl kann in der Parametereinstellung im Feld neben k eingetragen werden. In dieser Analyse wird k auf 2 gesetzt, da (wie vorher erläutert) geprüft werden soll, ob die politische Ansicht anhand der Ergebnisse ersichtlich ist und da die zwei politischen Ausrichtungen konservativ und liberal behandelt werden (vgl. Abb. 17).

Um die Cluster zu bilden, werden als erstes zwei Punkte zufällig festgelegt, die die Centroiden der Cluster darstellen sollen. Im nächsten Schritt werden alle Objekte den Clustern zugeordnet zu deren Centroid sie am nächsten sind. Nachdem alle Objekte einem Cluster zugewiesen wurden, erhält man schließlich zwei gefüllte Cluster. Jedoch liegen ihnen die anfangs festgelegten Centroiden zu Grunde, die nicht mehr die wahren Mittelpunkte der Cluster sind. Daher werden im nächsten Schritt die Centroiden der Cluster neu berechnet. Anschließend wird wieder jedes Objekt dem Cluster mit dem nächstgelegenen Centroid zugeordnet. Dies wird solange wiederholt bis sich die Centroiden nicht mehr ändern.

Abbildung 16: Operator ´Clustering (k-Means)´

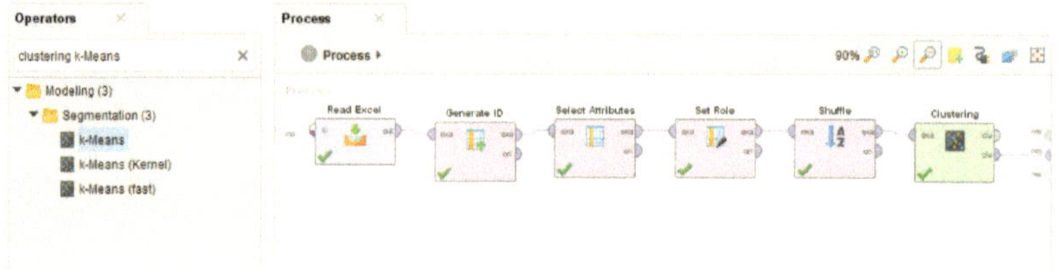

Abbildung 17: Parametereinstellung des ´Clustering (k-Means)´

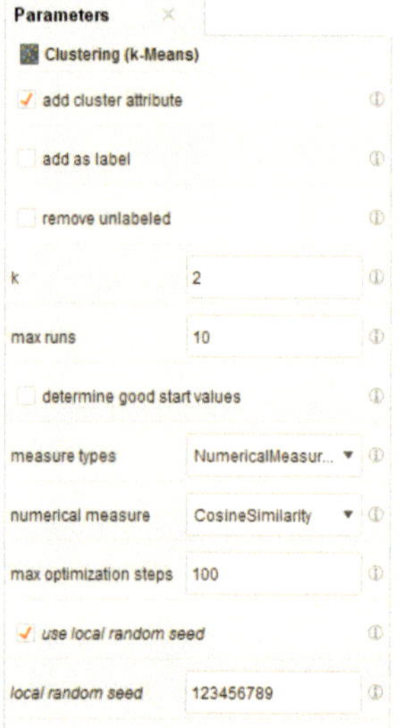

In den Parametereinstellungen dieses Operators wird das Feld ´add cluster attribute´ angekreuzt, womit eine zusätzliche Spalte in der Tabelle erzeugt wird, die zu jedem Datensatz die zugeordnete Clusternummer enthält. Für die Berechnung der Ähnlichkeit zwischen den Datensätzen wird das Cosinusmaß angewandt. Daher wird ´measure types´ auf ´numerical measure´ eingestellt. Nun kann daneben ´Cosine Similarity´ als Maßeinheit gewählt werden. Mit dem Cosinus Maß wird jeder Datensatz als ein Vektor wahrgenommen und die Ähnlichkeit zwischen ihnen wird durch die Größe des Winkels berechnet. Dadurch wird auch die inhaltliche Ähnlichkeit ermittelt. Um die Centroiden zufällig zu erzeugen, wird ein Häkchen bei ´use local random seed´ gesetzt und neben ´local random seed´ der Startwert für den Zufallsgenerator eingetragen (vgl. Abb. 17).

Nach Ausführen des Prozesses mit den vorgestellten Operatoren wird das Clustering anhand der Datenbasis durchgeführt. Im Output Fenster sind die Ergebnisse sichtbar. Es wurde Cluster 0 mit 13 und Cluster 1 mit 17 zugehörigen Objekten erstellt. In den folgenden beiden Abbildungen wird ein Ausschnitt aus der Tabelle der Ergebnisse in aufsteigender Sortierung der Clusterzugehörigkeit gezeigt. Es sind die IDs der Datensätze, die Clusternummern, zu denen sie zugeordnet wurden und die Einträge zum

Attribut konservativ_jn zu sehen. Bei der ersten Betrachtung soll festgestellt werden, wie die Datensätze in Bezug auf politische Ausrichtungen verteilt wurden. In den Resultaten befinden sich in Cluster 0 zehn konservative und drei liberale Personen. Dies entspricht einem ca. 59-prozentigem Anteil aller Konservativen im Datenbestand. Das Cluster an sich besteht zu ungefähr 77 Prozent aus Konservativen und zu 23 Prozent aus liberalen Personen. Demgegenüber besteht Cluster 1 aus 17 Objekten, worunter sich ungefähr 77 Prozent aller Liberalen im Datenbestand befinden. Für den Cluster bedeutet dies einen 77-prozentigen Anteil an Liberalen und einen 23-prozentigen Anteil an Konservativen. Es ist also eine deutliche Trennung der Konservativen und Liberalen auf die beiden Cluster zu erkennen (vgl. Abb. 18 u. 19).

Abbildung 18: Erstellte Cluster (1)

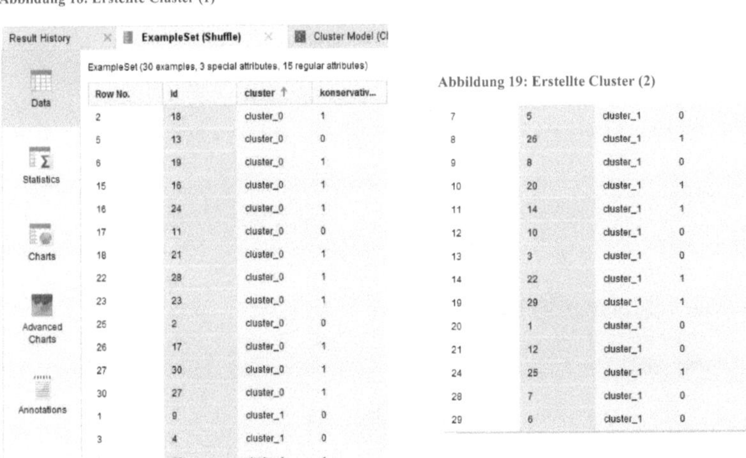

ExampleSet (30 examples, 3 special attributes, 15 regular attributes)

| Row No. | Id | cluster ↑ | konservativ... |
|---|---|---|---|
| 2 | 18 | cluster_0 | 1 |
| 5 | 13 | cluster_0 | 0 |
| 6 | 19 | cluster_0 | 1 |
| 15 | 16 | cluster_0 | 1 |
| 16 | 24 | cluster_0 | 1 |
| 17 | 11 | cluster_0 | 0 |
| 18 | 21 | cluster_0 | 1 |
| 22 | 28 | cluster_0 | 1 |
| 23 | 23 | cluster_0 | 1 |
| 25 | 2 | cluster_0 | 0 |
| 26 | 17 | cluster_0 | 1 |
| 27 | 30 | cluster_0 | 1 |
| 30 | 27 | cluster_0 | 1 |
| 1 | 9 | cluster_1 | 0 |
| 3 | 4 | cluster_1 | 0 |
| 4 | 15 | cluster_1 | 1 |

Abbildung 19: Erstellte Cluster (2)

| 7 | 5 | cluster_1 | 0 |
|---|---|---|---|
| 8 | 26 | cluster_1 | 1 |
| 9 | 8 | cluster_1 | 0 |
| 10 | 20 | cluster_1 | 1 |
| 11 | 14 | cluster_1 | 1 |
| 12 | 10 | cluster_1 | 0 |
| 13 | 3 | cluster_1 | 0 |
| 14 | 22 | cluster_1 | 1 |
| 19 | 29 | cluster_1 | 1 |
| 20 | 1 | cluster_1 | 0 |
| 21 | 12 | cluster_1 | 0 |
| 24 | 25 | cluster_1 | 1 |
| 28 | 7 | cluster_1 | 0 |
| 29 | 6 | cluster_1 | 0 |

Darüber hinaus sind für jeweils alle Attribute und Cluster die Centroiden tabellarisch dargestellt. Die folgenden Diagramme sollen die Centroiden der Attribute für jeweils beide Cluster visualisieren. Dabei sind die Centroiden der nominal skalierten Attribute in Prozent dargestellt.

Diagramm 1: Centroiden zum ´Alter´

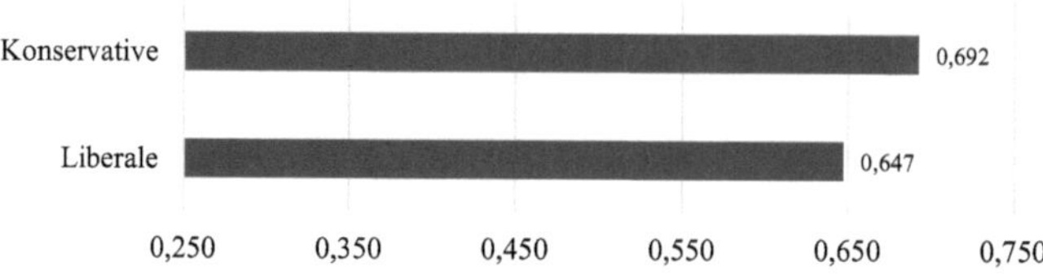


Diagramm 2: Centroiden zu ´Westen_jn´

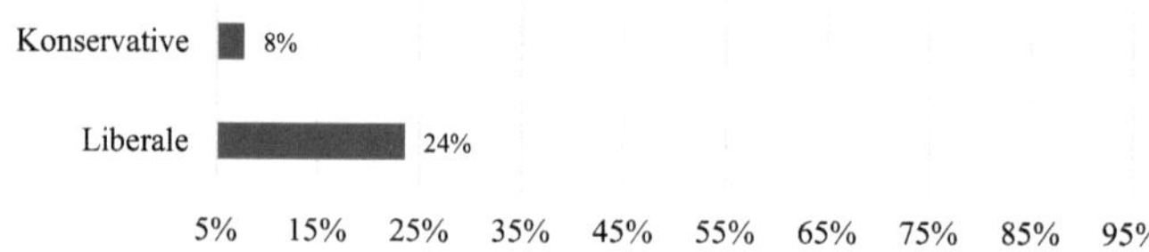


Diagramm 3: Centroiden zu ´Süden_jn´

Diagramm 4: Centroiden zu ´Akademiker´

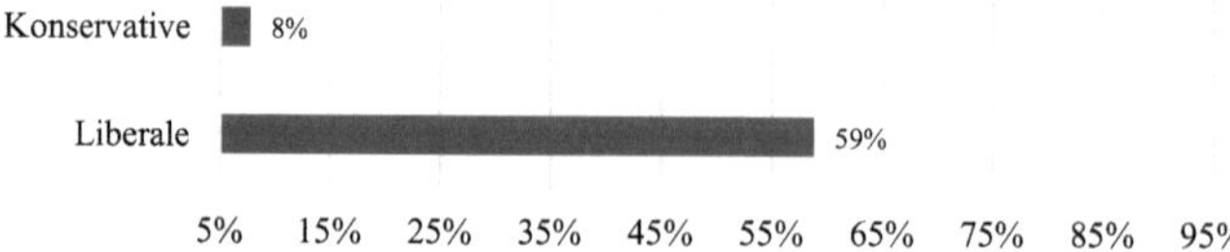

Diagramm 5: Centroiden zum ´Einkommen´

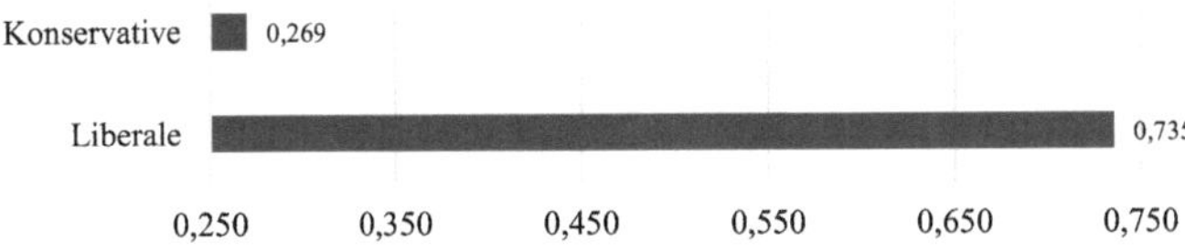


Diagramm 6: Centroiden zu ´verheiratet´

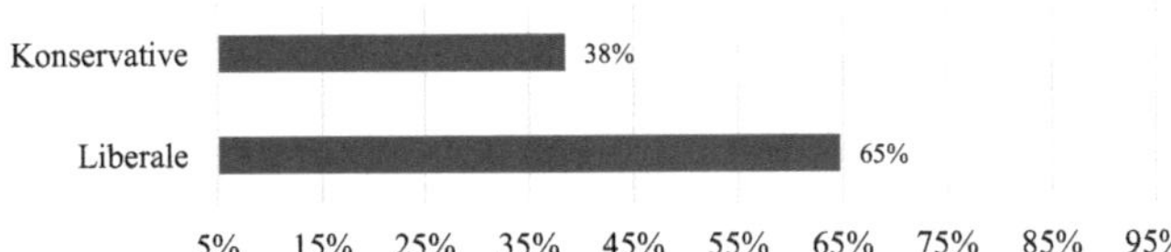


Diagramm 7: Centroiden zu ´Sport_jn´

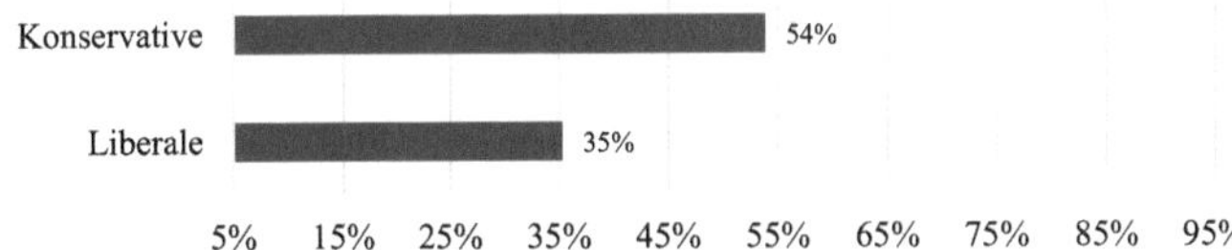


Diagramm 8: Centroiden zu ´Kunst_jn´

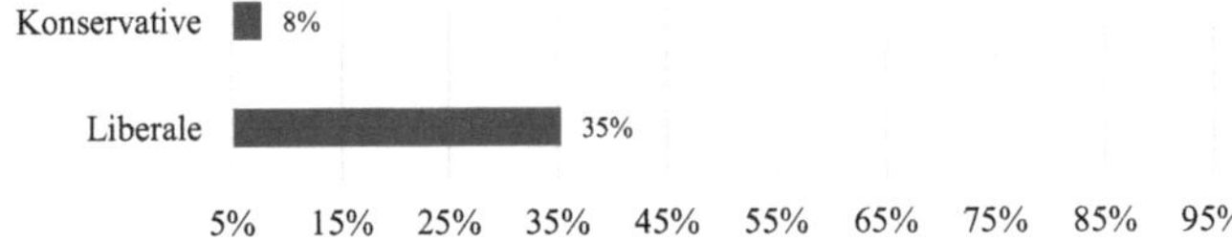

Diagramm 9: Centroiden zu 'Reality-Shows_jn'

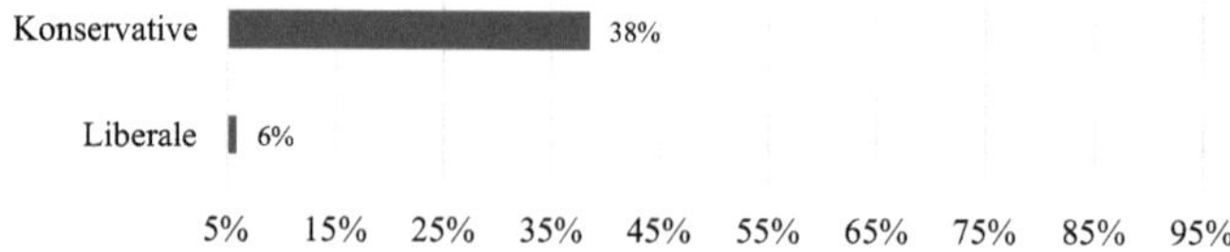


Diagramm 10: Centroiden zu 'Serien _jn'

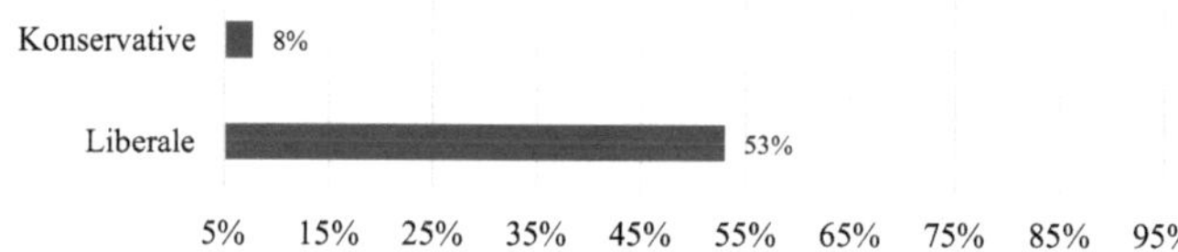


Diagramm 11: Centroiden zu 'Current-affairs_jn'

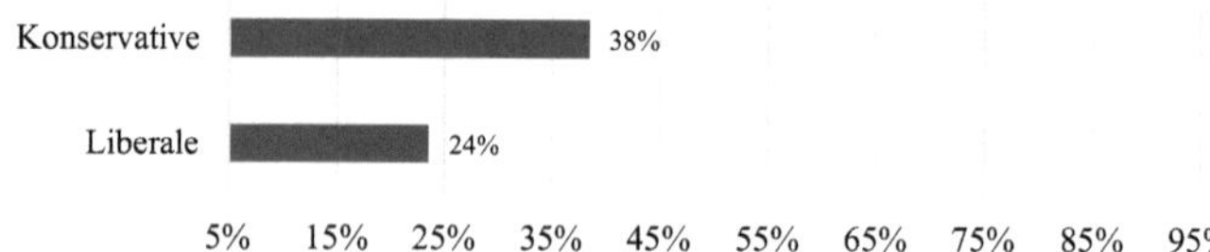


Diagramm 12: Centroiden zu 'Science-Fiction_jn'

Diagramm 13: Centroiden zu ´Drama_jn´

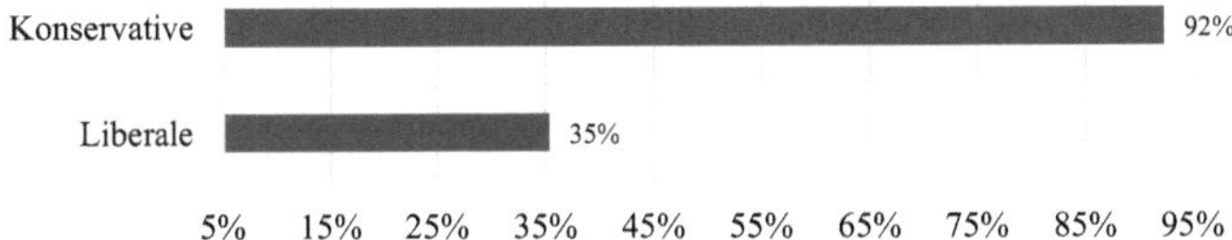



Diagramm 14: Centroiden zu ´Pop_jn´

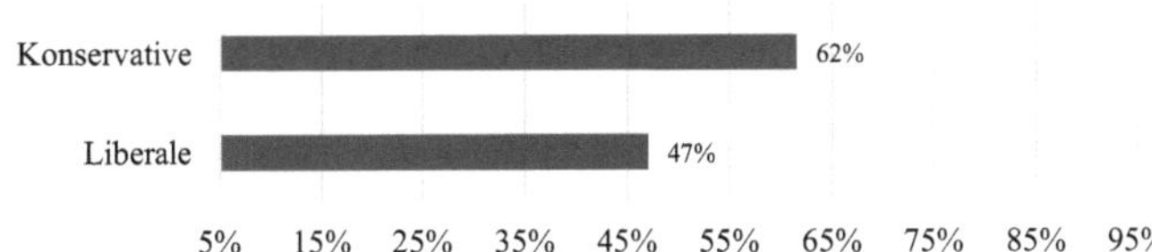



Diagramm 15: Centroiden zu ´Country_jn´

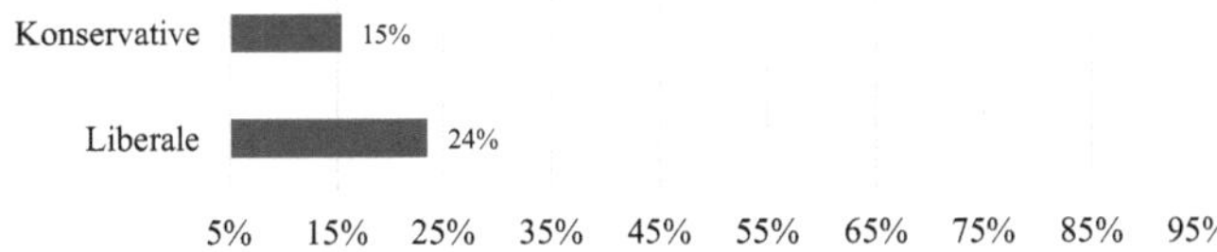



Bei den Centroidenwerten der Attribute Akademiker, Einkommen, Drama_jn und Serien_jn treten im Vergleich der Werte in beiden Clustern die größten zahlenmäßigen Abweichungen auf. Das bedeutet, dass die Schwerpunkte in den Clustern bei gleichen Attributen nahezu gegensätzlich sind. Die höchste Differenz mit ungefähr 0,57 weist die Variable Drama_jn auf. Während Cluster 0 bei diesem Attribut einen Centroiden sehr nah an der 1 besitzt, liegt dieser Wert in Cluster 1 eher nah an der 0. In den inhaltlichen Kontext übersetzt heißt es, dass Personen, die dem Cluster 0 zugeordnet wurden, Dramafilme eher bevorzugen als Personen in Cluster eins. Da Cluster 0 zum größten Teil mit konservativ ausgerichteten Personen und Cluster 1 mit liberal ausgerichteten

Personen befüllt ist, kann man sagen, dass konservative Personen eher Dramafilme bevorzugen.

Während die höchsten Centroidenwerte des Clusters 0 bei den Attributen Drama_jn, Alter, Pop_jn und Sport_jn liegen, sind es bei Cluster 1 die Attribute Einkommen, Alter, verheiratet und Akademiker. Das heißt, dass Cluster 1 eher Schwerpunkte bei demografischen Daten hat und Cluster 0 bei Daten zu persönlichen Interessen. Demnach sind Konservative älter, bevorzugen eher Dramafilme sowie Popmusik und interessieren sich für Sport. Hingegen weisen Liberale ein hohes Einkommen auf, sind im Durchschnitt ebenfalls alt, sind verheiratet und haben einen hohen akademischen Bildungsgrad.

Nach Sortierung der Werte ist zu erkennen, dass Cluster 0 bei Westen_jn, Akademiker, Kunst_jn, Serien_jn und Science-Fiction_jn Nullwerte besitzt. Übersetzt bedeutet dies, dass Konservative eher nicht im Westen der USA leben, einen akademischen Bildungsgrad haben, sich für Kunst und Musik interessieren und Serien sowie Science-Fiction Filme bevorzugen. Demgegenüber sind bei Cluster 1 niedrige Centroidenwerte bei den Attributen Reality-Shows_jn, Süden_jn und Science-Fiction_jn zu sehen. Die Variable Science-Fiction_jn kommt in Cluster 0 ebenfalls mit einem niedrigen Wert vor, d. h. die Dateneinträge müssten zu beiden politischen Gruppen nahezu identisch sein. Darüber hinaus besagen die Werte, dass eher wenige Liberale im Süden leben und sie kaum Reality-Shows schauen.

Nachdem die Cluster erstellt wurden, soll die Zuordnung der Datensätze zu den Clustern überprüft werden. Dabei soll ermittelt werden, wie gut ein Datensatz zu seinem zugeordneten Cluster passt. Die mathematische Lösung dafür ist der Silhouetten-Messwert. Dieser errechnet einen Wert im Intervall [1;-1]. Ein Wert nah an der 1 steht für eine gute Übereinstimmung, d.h. dass der Datensatz zu seinem Cluster ähnlicher ist als zu dem anderen. Ein Wert nah an der 0 bedeutet, dass der Datensatz zu beiden Clustern fast gleich ähnlich ist und dieser beliebig zugeordnet wurde. Dementsprechend deutet ein Wert im Minusbereich auf einen kompletten Gegensatz. In der Theorie sollte der Silhouetten-Messwert für eine ausreichende Übereinstimmung bei über 0,5 und für eine gute Übereinstimmung bei über 0,75 liegen. Jedoch ist dies in der Realität nicht der Fall, weshalb bei dieser Analyse keine hohen Werte zu erwarten sind.

Um den Silhouetten-Messwert zu berechnen, müssen zunächst die Ähnlichkeitswerte zwischen den Datensätzen errechnet werden. Dies gelingt mit dem Operator 'Data to

5 Anwendungsszenario

Similarity' (vgl. Abb. 21). In seiner Parametereinstellung wird ebenfalls das Cosinus Maß gewählt, was in der Analyse verwendet wird und auch im 'Clustering' Operator ausgewählt wurde (vgl. Abb. 20). Dieser Operator berechnet die Ähnlichkeit jedes Datensatzes zu allen anderen Datensätzen. Anschließend wird der Operator 'Performance ((Average) Silhouette)' in den Prozess eingefügt, um die Silhouetten-Messwerte zu berechnen. Dieser berechnet den durchschnittlichen Silhouetten-Messwert für den ganzen Datenbestand und für die erstellten Cluster. Die neu eingefügten Operatoren werden entsprechend miteinander und mit dem 'Clustering' Operator verbunden. So werden die errechneten Ähnlichkeitswerte an den 'Performance' Operator weitergegeben. Die drei Ausgangsports des 'Performance' Operators werden mit den Ergebnisports verbunden (vgl. Abb. 21).

Abbildung 20: Parametereinstellung des 'Data to Similarity'

Abbildung 21: 'Data to Similarity' und 'Performance'

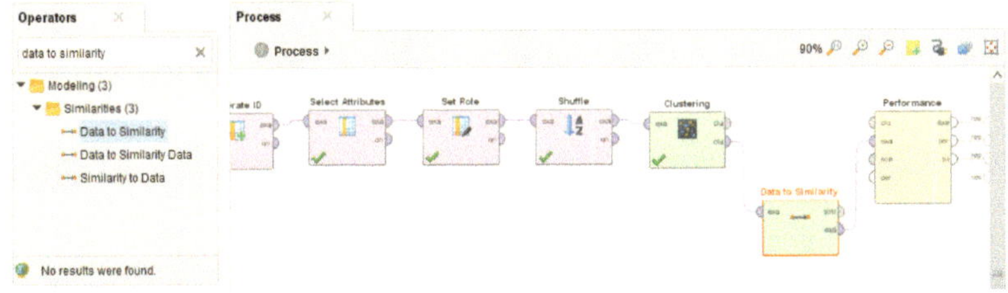

Wie erwartet sind die Silhouetten-Messwerte niedrig, was ebenfalls auf den sehr kleinen Datenbestand zurückzuführen ist. In der Realität wird mit Tausenden von Datensätzen gearbeitet und auch dann keine sehr hohen Werte erzielt (vgl. Abb. 22).

Abbildung 22: Silhouetten-Messwerte

## 5.3 Ergebnispräsentation und Evaluation

In diesem Abschnitt werden die Ergebnisse der Clusterbildung dargestellt und mit den erhobenen Daten verglichen. Dafür werden zunächst die Ergebnisse der nominalen Attribute der erstellten Cluster in den folgenden gestapelten Säulendiagrammen visualisiert. Dabei sind auf der x- Achse die Attribute und auf der y-Achse die Häufigkeiten dargestellt. Beginnend mit Cluster 0 werden in den folgenden beiden Säulendiagrammen zuerst demografische Daten sowie persönliche Interessen und im nächsten die Präferenzen veranschaulicht. Da Cluster 0 überwiegend mit Personen befüllt ist, die politisch konservativ orientiert sind, werden die Diagramme dementsprechend mit ´konservativ´ betitelt (vgl. Diagramme 16 u. 17).

Diagramm 16: Cluster 0 - Demografie und Interessen

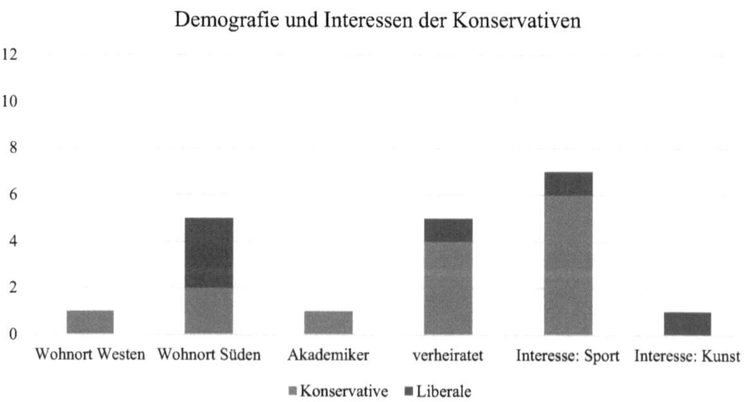

Diagramm 17: Cluster 0 - Präferenzen

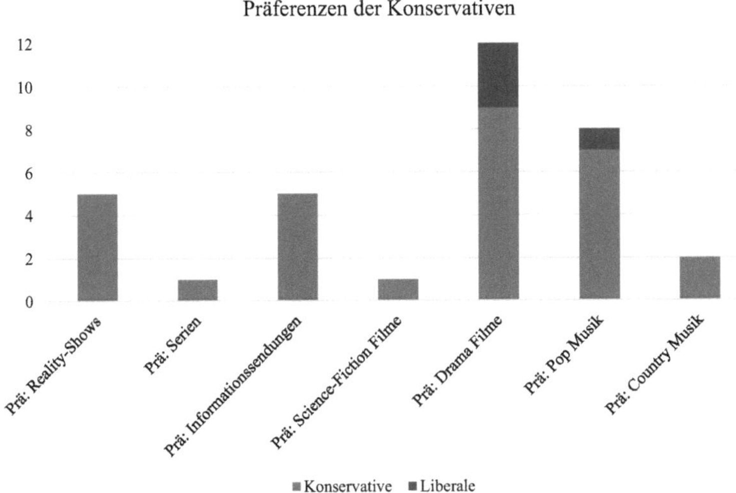


Diagramm 17: Cluster 0 - Präferenzen

Wie im vorigen Abschnitt beschrieben besteht Cluster 0 aus insgesamt 13 Datensätzen. Darunter sind 10 konservativ und 3 liberal ausgerichtete Personen vorhanden. Die Resultate sagen aus, dass Personen des Clusters 0 überwiegend im Süden der USA leben, verheiratet sind, sich für Sport wie z. B. Fußball interessieren, Reality-Shows sowie Informationssendungen wie ´Tucker Carlson Tonight´ bevorzugen, lieber Drama Filme schauen und Pop Musik hören. Es ist schon auf dem ersten Blick sichtbar, dass Daten über persönliche Präferenzen ein entscheidendes Charakteristikum für die Differenzierung der beiden Gruppen und somit auch für die Clusterbildung sind. Denn in diesen Daten unterscheiden sich die beiden Gruppen mehr als in demografischen Daten. (vgl. Diagramme 16 u. 17).

Cluster 1 besteht aus 10 liberal und 7 konservativ orientierten Personen und somit aus insgesamt 17 Objekten. Auf dieselbe Weise werden die Ergebnisse des Clusters 1 in gestapelten Säulendiagrammen dargestellt (vgl. Diagramme 18 u. 19).

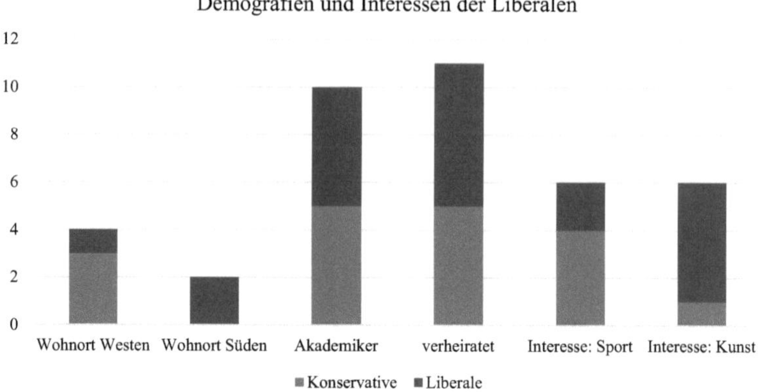


Das Diagramm zeigt, dass die zu Cluster 1 zugeordneten Personen vermehrt im Westen leben, einen akademischen Abschluss haben, verheiratet sind, sich sowohl für Sport als auch für Kunst interessieren, auch Reality-Shows sowie Informationssendungen bevorzugen und gerne Country Musik hören (vgl. Diagramm 18 u. 19).



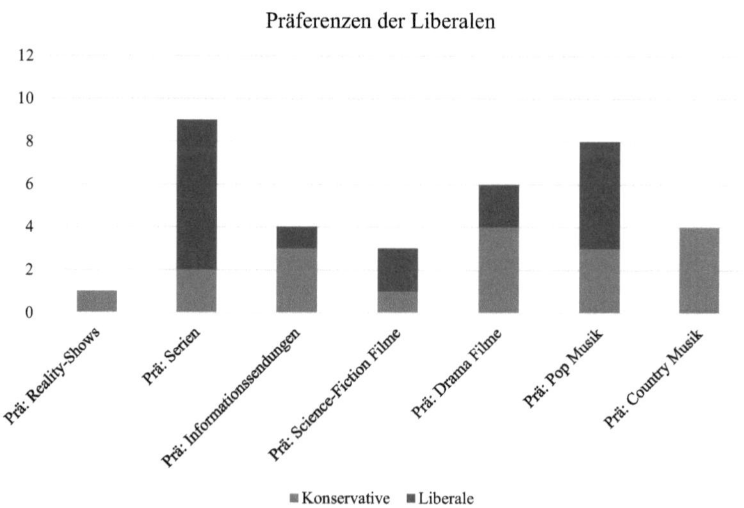

Als nächstes werden die Informationen zu Konservativen und Liberalen anhand der erhobenen Daten unabhängig von den erstellten Clustern visuell dargestellt. Damit sollen die erstellten Cluster mit dem Datenbestand verglichen werden. Somit können Übereinstimmungen und Widersprüche zwischen den Daten und den Clustern ermittelt werden. Dadurch soll untersucht werden, wie gut die Cluster zu den Daten passen.



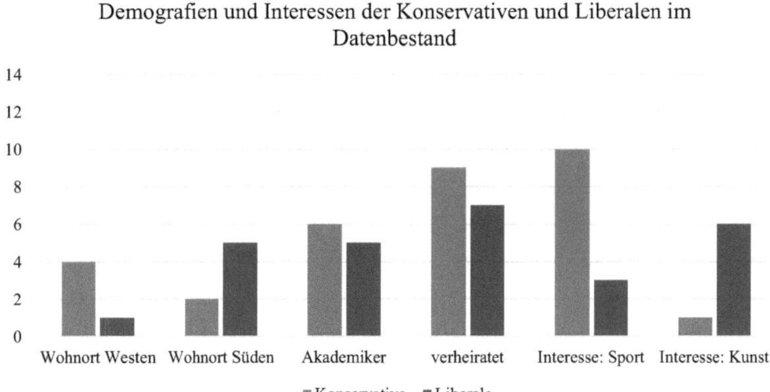


Im Datenbestand befinden sich insgesamt 30 Datensätze. Darunter sind 17 konservativ und 13 liberal orientierte Facebook Nutzer vorhanden. Da die Mehrheit des Clusters 0 die konservativ ausgerichteten Personen bilden, wird dieser Cluster als Repräsentant der Konservativen und Cluster 1 dementsprechend als Repräsentant der Liberalen angenommen. Wenn man die ersten Attributwerte mit den obigen Daten abgleicht, fallen einige Widersprüche auf. Die ersten vier Attribute zum Wohnort, dem Bildungsgrad und dem Familienstand spiegeln in den Clusterwerten nicht die korrekten Aussagen wie im Datenbestand wieder. Nach dem Datenbestand wohnen im Süden viel mehr Liberale als Konservative. Jedoch weisen die Ergebnisse der Cluster auf das Gegenteil hin. Für diese Zuordnungen spielen wahrscheinlich Werte anderer Attribute eine entscheidende Rolle (vgl. Diagramm 20).

Bei den für die Analyse verwendeten Attributen zu den persönlichen Interessen eines Nutzers sieht dies anders aus. Die Aussagen der Daten stimmen mit den Aussagen der Cluster gut überein. Somit ist festzustellen, dass Konservative sich eher für Sport und Liberale eher für Kunst und Musik interessieren (vgl. Diagramm 20).

Diagramm 21: Präferenzen der Konservativen und Liberalen im Datenbestand

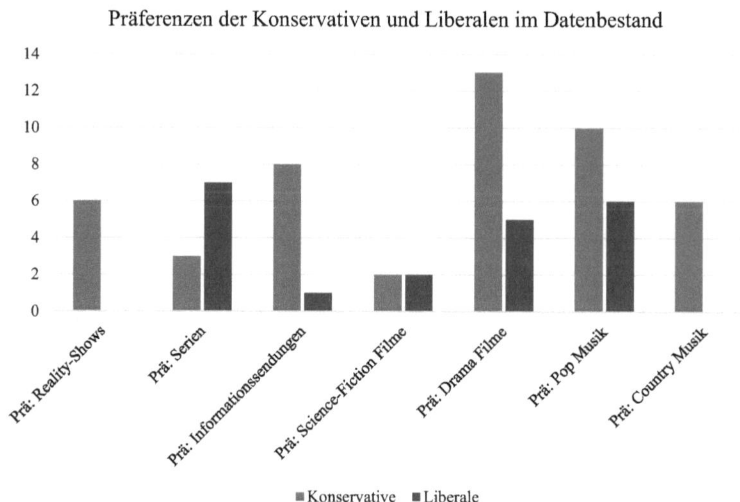


Nun werden die Attribute zu den Präferenzen der Nutzer zu Fernsehsendungen, Filmgenres sowie Musikgenres betrachtet. Zu den drei Attributen der bevorzugten Fernsehsendungen sind sehr gute Übereinstimmungen der Daten mit den Aussagen der Cluster festzustellen. Dies gilt auch für das Attribut 'Drama' in Bezug auf das bevorzugte Filmgenre. Das zweite Attribut 'Science-Fiction' in dieser Rubrik sowie 'Pop Musik' als bevorzugte Musikgenre weisen mittelmäßig gute Übereinstimmungen auf, während bei 'Country Musik' ein Widerspruch zu erkennen ist. Denn dieses Genre wird laut dem Datenbestand nur von Konservativen bevorzugt, wobei das Cluster der Liberalen einen höheren Wert besitzt als das Cluster der Konservativen (vgl. Diagramm 21).

Nun werden noch die beiden ordinal skalierten Attribute 'Alter' und 'Einkommen' untersucht. Hierfür werden zunächst die Werte in den Clustern für jeweils beide Attribute visualisiert und mit den Werten im Datenbestand gegenübergestellt. In den Diagrammen sind auf der y-Achse die Ausprägungen der Attribute für beide politische Gruppen und auf der x-Achse die Häufigkeiten dargestellt (vgl. Diagramme 22-25).

Diagramm 22: Altersverteilung in den Clustern

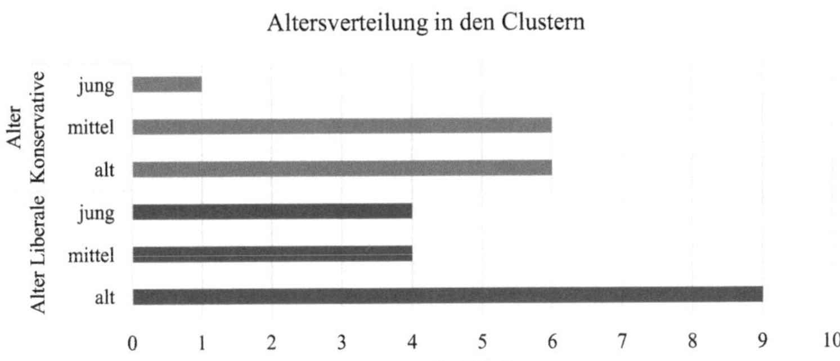


Diagramm 23: Altersverteilung im Datenbestand

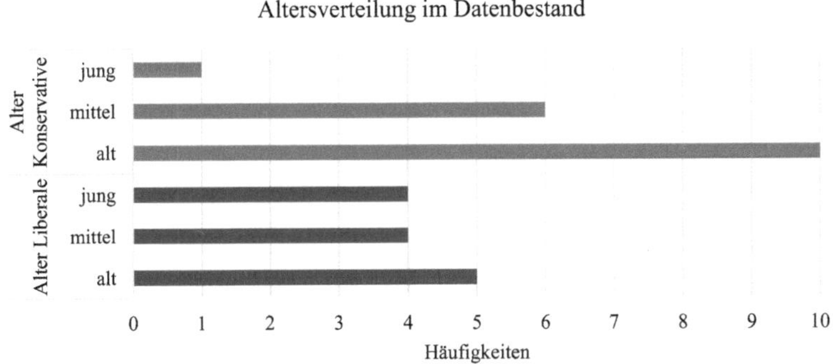


Nach dem Vergleich der Werte der beiden Diagramme ist erkennbar, dass die Werte der Ausprägungen 'jung' und 'mittel' sehr gut mit den Ergebnissen der Cluster übereinstimmen. Es sind Abweichungen in Bezug auf die Ausprägung 'alt' sichtbar. Für diese Zuordnung sind wahrscheinlich andere Attribute aufgrund von Ähnlichkeiten maßgebend (vgl. Diagramme 22 u. 23).

Diagramm 24: Einkommensverteilung in den Clustern

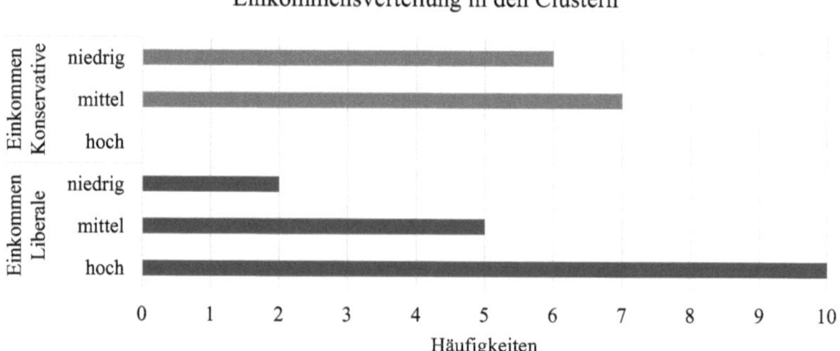


Diagramm 25: Einkommensverteilung im Datenbestand

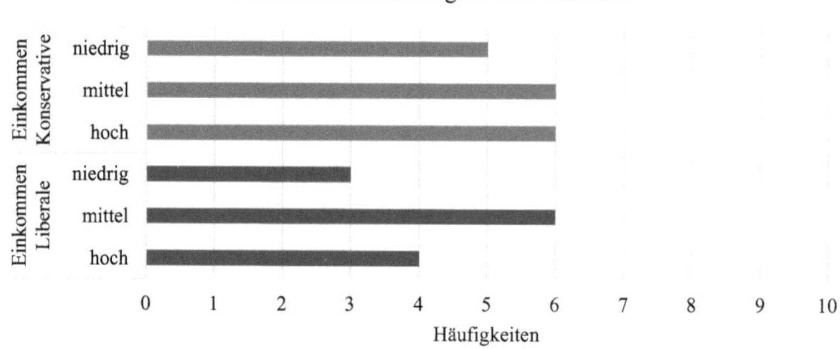


Dieselben Erkenntnisse, die in Bezug auf das Attribut ´Alter´ beschrieben wurden, sind auch beim Einkommen der Personen sichtbar (vgl. Diagramme 24 u. 25).

Trotz einer Clusteranalyse mit einer sehr kleinen Datenmenge und einer Vielzahl von Attributen sind gute Übereinstimmungen zu beobachten, d. h. einige inhaltliche Zusammenhänge in den Daten werden in den Ergebnissen der Cluster wiedergefunden. An der Stelle ist es hilfreich in Betracht zu ziehen, dass Werte einiger Attribute insbesondere des Einkommens aus Schätzungen hervorgehen. Insgesamt fällt auf, dass bei Daten zu individuellen Präferenzen eine deutlichere Differenzierung der unterschiedlichen Gruppen ermittelt wird als bei demografischen Daten. Das bedeutet, dass mit der Erhebung von psychologischen Daten genauere Analysen über Charaktereigenschaften der Menschen möglich sind.

# 6 Fazit / Ausblick

Mithilfe einer einfachen Datenerhebung von öffentlichen Nutzerprofilen aus dem sozialen Netzwerk Facebook und einer einfachen Clusteranalyse mit RapidMiner Studio wurde in dieser Thesis gezeigt, dass anhand von wenigen personenbezogenen Daten viele Erkenntnisse über Menschen und Menschengruppen beispielsweise über ihre politische Ansicht gezogen werden können. Dies zeigt ebenso, dass ein paar harmlose Klicks auf Beiträgen und Seiten auf Facebook viel über die Persönlichkeit eines Nutzers aussagen und Analysen mit mathematischen Algorithmen ermöglichen. Somit wurde die anfangs gestellte Hypothese belegt und sich in ihren Eigenschaften ähnelnde Personen in Gruppen bzw. Cluster zusammengefasst.

Viel effizienter wären die Ergebnisse der Analyse, wenn man mit einer großen Datenmenge bzw. Big Data gearbeitet hätte. Anstatt der Clusteranalyse wären auch andere Verfahren wie beispielsweise die Assoziationsanalyse machbar. In dieser Thesis wurde die Clusteranalyse für diesen Fall als die bestgeeignete Methode gewählt.

In der Praxis wäre der nächste Schritt, genau wie im ersten Abschnitt beschrieben, ein Targeting auszuüben. Die erstellten Cluster würden auf ihre Eigenschaften analysiert und für jede Gruppe würden geeignete Werbeanzeigen erstellt. Damit würden den Wählern gezielte Botschaften geschickt, um sie eventuell zu verunsichern und somit von der Wahlbeteiligung fern zu halten. Dies würde der eigenen Partei einen großen Vorsprung verschaffen.

Bei politischen Wahlkämpfen können mit dieser Technik Wahlberechtigte beeinflusst werden. Jedoch können sie dadurch nicht umgestimmt, sondern eher verunsichert werden. Dies könnte so weit führen, dass diese Wähler sich nicht an der Wahl beteiligen würden und erst dann hätte die gegnerische Partei sein Ziel erreicht.

In den USA sind diese Verfahren seit Jahren bekannt und werden von mehr als einer Partei angewandt. In Deutschland jedoch herrschen strengere Datenschutzregeln. Daher ist die Anwendung dieser Methoden in dem Maß wie in Amerika hier nicht möglich. Allerdings kann man nicht beurteilen wie dies in der Zukunft aussehen wird.

# Anhang

Abbildung 23: Dendrogram US Senat 2003 (Jakulin, Buntine, La Pira, & Brasher, 2009)

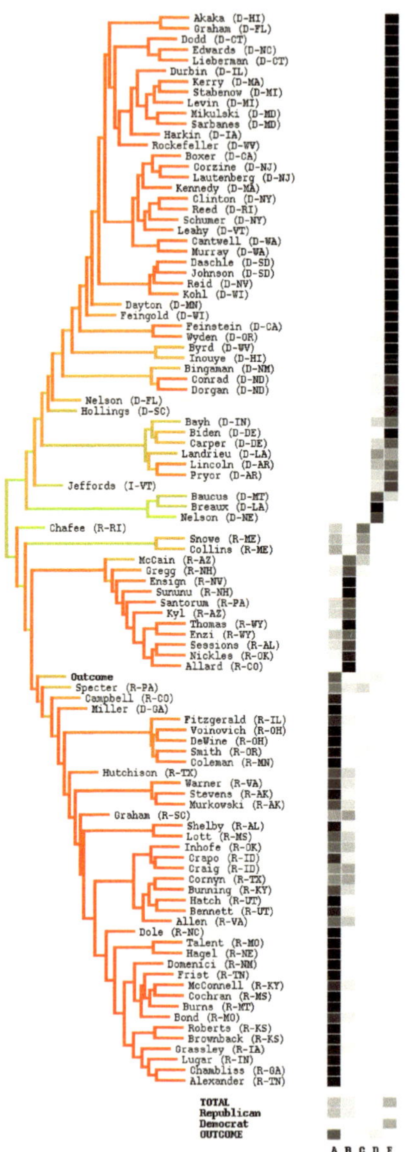

Abbildung 24: Symmetrische Unähnlichkeitsmatrix (Jakulin, Buntine, La Pira, & Brasher, 2009)

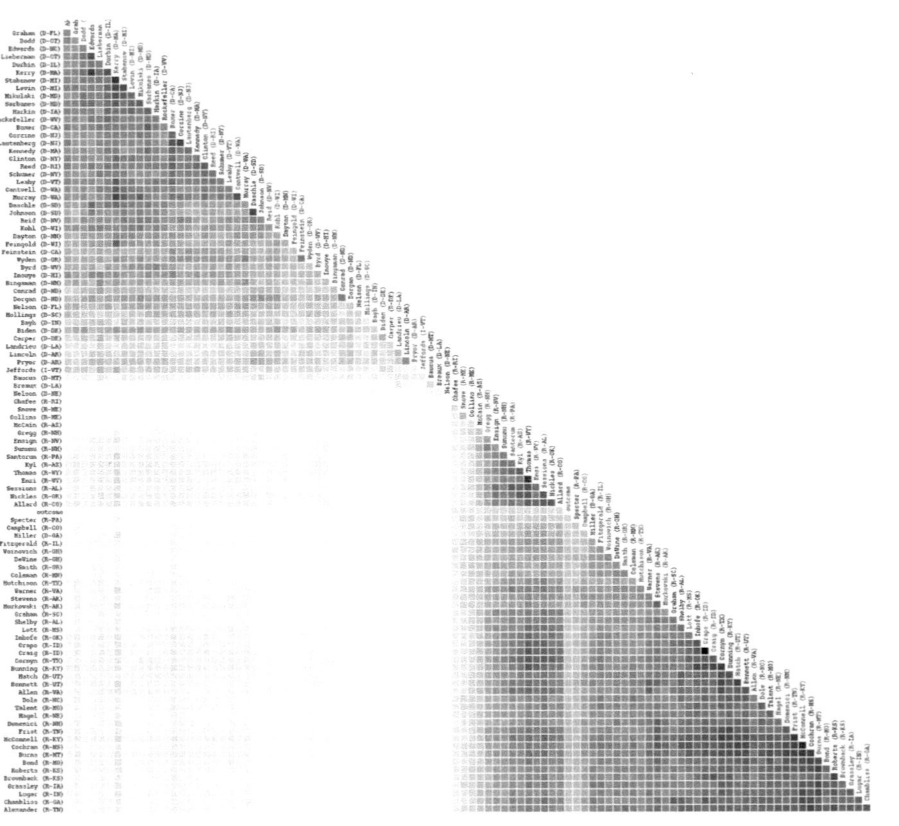

Daten, die Facebook zu Werbezwecken nutzt (Tischbein, 2016):

1. Ort
2. Alter
3. Generation
4. Geschlecht
5. Sprache
6. Bildungsniveau
7. Ausbildungsbereich
8. Schule
9. ethnische Zugehörigkeit
10. Einkommen und Eigenkapital
11. Hausbesitz und -typ
12. Hauswert
13. Grundstücksgröße
14. Hausgröße in Quadratmeter
15. Jahr, in dem das Haus gebaut wurde
16. Haushaltszusammensetzung
17. Nutzer, die innerhalb von 30 Tagen ein Jubiläum haben
18. Nutzer, die von der Familie oder Heimatstadt entfernt sind
19. Nutzer die mit jemandem befreundet sind, der einen Jahrestag hat, frisch verheiratet oder verlobt ist, gerade umgezogen ist oder bald Geburtstag hat
20. Nutzer in Fernbeziehungen
21. Nutzer in neuen Beziehungen
22. Nutzer mit neuen Jobs
23. Nutzer, die frisch verlobt sind
24. Nutzer, die frisch verheiratet sind
25. Nutzer, die vor Kurzem umgezogen sind
26. Nutzer, die bald Geburtstag haben
27. Eltern
28. Werdende Eltern
29. Mütter in Typen unterteilt („Fußball, trendy" etc.)
30. Nutzer, die sich wahrscheinlich politisch betätigen

31. Konservative und Liberale
32. Beziehungsstatus
33. Arbeitgeber
34. Branche
35. Berufsbezeichnung
36. Art des Büros
37. Interessen
38. Nutzer, die ein Motorrad besitzen
39. Nutzer, die planen, ein Auto zu kaufen (welche Art/Marke, und wann)
40. Nutzer, die kürzlich Autoteile oder Zubehör gekauft haben
41. Nutzer die wahrscheinlich Autoteile oder Service benötigen
42. Art und Marke des Autos, dass man fährt
43. Jahr, in dem das Auto gekauft wurde
44. Alter des Autos
45. Wieviel Geld der Nutzer vermutlich für sein nächstes Auto ausgeben wird
46. Wo der Nutzer vermutlich sein nächstes Auto kaufen wird
47. Wieviele Mitarbeiter die eigene Firma hat
48. Nutzer, die kleine Unternehmen haben
49. Nutzer, die Manager oder Führungskräfte sind
50. Nutzer, die für wohltätige Zwecke gespendet haben (unterteilt nach Art)
51. Betriebssystem
52. Nutzer, die Browserspiele spielen
53. Nutzer, die eine Spielekonsole besitzen
54. Nutzer, die eine Facebook-Veranstaltung erstellt haben
55. Nutzer, die Facebook-Payments benutzt haben

56. Nutzer, die mehr als üblich per Facebook-Payments ausgegeben haben

57. Nutzer, die Administrator einer Facebookseite sind

58. Nutzer, die vor Kurzem ein Foto auf Facebook hochgeladen haben

59. Internetbrowser

60. Emailanbieter

61. „Early Adopters" und „late Adopters" von Technologien

62. Auswanderer (sortiert nach dem Ursprungsland)

63. Nutzer, die einer Genossenschaftsbank, einer nationalen oder regionalen Bank angehören

64. Nutzer, die Investoren sind (sortiert nach Typ der Investition)

65. Anzahl der Kredite

66. Nutzer, die aktiv eine Kreditkarte benutzen

67. Typ der Kreditkarte

68. Nutzer, die eine Lastschriftkarte haben

69. Nutzer, die Guthaben auf der Kreditkarte haben

70. Nutzer, die Radio hören

71. Bevorzugte TV-Shows

72. Nutzer, die ein mobiles Gerät benutzen (nach Marke aufgeteilt)

73. Art der Internetverbindung

74. Nutzer, die kürzlich ein Tablet oder Smartphone gekauft haben

75. Nutzer, die das Internet mit einem Smartphone oder einem Tablet benutzen

76. Nutzer, die Coupons benutzen

77. Arten von Kleidung, die der Haushalt des Nutzers kauft

78. Die Zeit im Jahr, in der der Haushalt des Nutzers am meisten einkauft

79. Nutzer, die „sehr viel" Bier, Wein oder Spirituosen kaufen

80. Nutzer, die Lebensmittel einkaufen (und welche Art)

81. Nutzer, die Kosmetikprodukte kaufen

82. Nutzer, die Medikamente gegen Allergien und Schnupfen/Grippe, Schmerzmittel und andere nicht-verschreibungspflichtige Arzneimittel einkaufen

83. Nutzer, die Geld für Haushaltsgegenstände ausgeben

84. Nutzer, die Geld für Produkte für Kinder oder Haustiere ausgeben (und welche Art von Haustier)

85. Nutzer, deren Haushalt mehr als üblich einkauft

86. Nutzer, die dazu neigen online (oder offline) einzukaufen

87. Arten von Restaurants, in denen der Nutzer isst

88. Arten von Läden, in denen der Nutzer einkauft

89. Nutzer, die „empfänglich" für Angebote von Firmen sind, die Online-Autoversicherungen, Hochschulbildung oder Hypotheken, Prepaid-Debitkarten und Satellitenfernsehen anbieten

90. Wie lange der Nutzer sein Haus bereits bewohnt

91. Nutzer, die wahrscheinlich bald umziehen

92. Nutzer, die sich für Olympische Spiele, Cricket oder Ramadan interessieren

93. Nutzer, die häufig verreisen (geschäftlich oder privat)

94. Nutzer, die zur Arbeit pendeln

95. Welche Art von Urlaub der Nutzer bucht

96. Nutzer, die kürzlich von einem Ausflug zurückkommen

97. Nutzer, die kürzlich eine Reise-App benutzt haben

98. Nutzer, die ein Ferienwohnrecht haben

# Literaturverzeichnis

§ 3 Abs. 1 BDSG. (kein Datum). *Bundesdatenschutzgesetz (BDSG) § 3 Weitere Begriffsbestimmungen.* Von Bundesministerium der Justiz und für Verbraucherschutz: http://www.gesetze-im-internet.de/bdsg_1990/__3.html (05.07.2017) abgerufen

Aßfalg, J., Böhm, C., Borgwardt, K., Ester, M., Januzaj, E., Kailing, K., . . . Schubert, M. (2003). *Knowledge Discovery in Databases Kapitel 5: Clustering.* Von Ludwig-Maximilians-Universität München, Fakultät für Mathematik, Informatik und Statistik, Institut für Informatik, Lehrstuhl für Datenbanksysteme und Data Mining: http://www.dbs.ifi.lmu.de/Lehre/KDD/WS0708/skript/kdd-5-clustering_01.pdf (30.06.2017) abgerufen

Barbu, O. (2014). *Advertising, Microtargeting and Social Media. In: Procedia - Social and Behavioral Sciences, 163, S. 44-49.* Von ScienceDirect: http://ac.els-cdn.com/S187704281406385X/1-s2.0-S187704281406385X-main.pdf?_tid=847c6aa2-5bd5-11e7-881b-00000aab0f02&acdnat=1498636006_8708e3fecfac55c8f85e0e5c43ee9927 (28.06.2017) abgerufen

Böhm. (2003). *7. Clusteranalyse .* Von Uni-Göttingen, Fakultät für Forstwissenschaften und Waldökologie, Department of Computer Science: http://www.uni-forst.gwdg.de/~wkurth/cb/html/gdm_v07.pdf (30.06.2017) abgerufen

Brühl, J. (03. Mai 2017). *Willkommen in der neuen Demokratie.* Von Süddeutsche Zeitung: http://www.sueddeutsche.de/digital/politik-auf-facebook-willkommen-in-der-neuen-demokratie-1.3479531 (18.06.2017) abgerufen

Brühl, J., Brunner, K., & Ebitsch, S. (kein Datum). *Der Facebook-Faktor.* Von Süddeutsche Zeitung: http://gfx.sueddeutsche.de/apps/e502288/www/ (18.06.2017) abgerufen

BVDW (Hr.). (23. September 2009). *Was ist Targeting?* Von Bundesverband Digitale Wirtschaft: https://www.google.de/url?sa=t&rct=j&q=&esrc=s&source=web&cd=6&cad=rja&uact=8&ved=0ahUKEwjFn8yGlrvUAhVSU1AKHSFaBVIQFghGMAU&url=http%3A%2F%2Fwww.bvdw.org%2Fmybvdw%2Fmedia%2Fdownload%2Fb

vdw--was-ist-targeting-dmexco-
20090923.pdf%3Ffile%3D752&usg=AFQjCNEfD5U abgerufen

Chamoni, P. (22. November 2016). *Data Mining.* Von Enzyklopädie der
Wirtschaftsinformatik: http://www.enzyklopaedie-der-
wirtschaftsinformatik.de/lexikon/daten-wissen/Business-
Intelligence/Analytische-Informationssysteme--Methoden-der-/Data-
Mining/index.html (13.06.2017) abgerufen

Cleve, J., & Lämmel, U. (2016). *Data Mining.* Berlin: De Gruyter Oldenbourg.

Concordia (Hr.). (19. September 2016). *THE 2016 CONCORDIA ANNUAL SUMMIT.*
Von Concordia: http://www.concordia.net/the-summit-2016/ (20.06.2017)
abgerufen

Demling, V. (8. Dezember 2015). *Conversion Rate berechnen und optimieren.* Von
Digitaler Mittelstand: https://digitaler-
mittelstand.de/business/ratgeber/conversion-rate-berechnen-und-optimieren-
18517 (27.06.2017) abgerufen

Ehrenberg, B. (22. April 2014). *How much is your personal data worth?* Von The
Guardian: https://www.theguardian.com/news/datablog/2014/apr/22/how-much-
is-personal-data-worth (07.07.2017) abgerufen

Einwohnermeldeamt (Hr.). (kein Datum). *Detaillierte Informationen über das
Einwohnermeldeamt bzw. das Meldewesen in Deutschland.* Von
Einwohnermeldeamt: http://www.einwohnermeldeamt.com/ (06.07.2017)
abgerufen

Galliat, T. (WiSe 2016/2017). IR5 Web Data Mining. *IR5 Tutorial Clustering.* Köln:
TH Köln (Institut für Informations -und Kommunikationswissenschaften).

Geduldig, A. T. (kein Datum). *Parallelisierung des k-Means-Algorithmus zum Clustern
von Dokumenten.* Von http://www.spinfo.phil-fak.uni-
koeln.de/sites/spinfo/geduldia/K-Means-Cluster.pdf (28.07.2017) abgerufen

Grassegger, H., & Krogerus, M. (2016. Dezember 2016). *Ich habe nur gezeigt, dass es
die Bombe gibt.* Von Das Magazin: https://www.dasmagazin.ch/2016/12/03/ich-
habe-nur-gezeigt-dass-es-die-bombe-gibt/ (19.06.2017) abgerufen

Han, J., Pei, J., & Kamber, M. (06. Juni 2011). *Data Mining: Concepts and Techniques.* Von Google Books: https://books.google.de/books?hl=de&lr=&id=pQws07tdpjoC&oi=fnd&pg=PP1 &dq=data+mining+concepts&ots=tyMx_XnFZ0&sig=1xGmwQ_wMjggfPbhQI 1uzeg5FuA#v=onepage&q=data%20mining%20concepts&f=false (13.06.2017) abgerufen

I. E., F., & Todeschini, R. (30. September 1994). *The Data Analysis Handbook.* Von Google Books: https://books.google.de/books?id=SXEpB0H6L3YC&pg=PA88&lpg=PA88&dq =what+is+rajski+distance&source=bl&ots=zepPTT1- O7&sig=9ZDxq4P9HBoFS5NtxL8s7wLf- HI&hl=de&sa=X&ved=0ahUKEwjlwrywrNvUAhWKfFAKHRh8AKcQ6AEIV TAI#v=snippet&q=rajski&f=false (27.06.2017) abgerufen

Jakulin, A., Buntine, W., La Pira, T. M., & Brasher, H. (2009). *Analyzing the U.S. Senate in 2003: Similarities, Clusters, and Blocs.* Von Columbia University: http://www.stat.columbia.edu/~jakulin/Politics/ (24.06.2017) abgerufen

Kolb, M. (01. November 2012). *Amerikas gläserne Wähler.* Von Süddeutsche Zeitung: http://www.sueddeutsche.de/politik/data-mining-im-wahlkampf-werben-um- den-glaesernen-waehler-1.1511298 (21.06.2017) abgerufen

LDI-NRW (Hr.). (kein Datum). *Was sind personenbezogene Daten?* Von Landesbeauftragte für Datenschutz und Informationsfreiheit Nordrhein- Westfalen: https://www.ldi.nrw.de/mainmenu_Datenschutz/Inhalt/FAQ/Personenbezogene Daten.php (06.07.2017) abgerufen

Maier, A., Matheis, K., & Voß, O. (07. November 2016). *Wahlkampf der Datenmaschinen.* Von Wirtschaftswoche: http://www.wiwo.de/politik/ausland/us-wahlen/big-data-wahlkampf-der- datenmaschinen/14785630-all.html (21.06.2017) abgerufen

Merkl, D. (2008). *Clustering.* Von Technische Universität Wien / Institut für Softwaretechnik und Interaktive Systeme: http://www.ec.tuwien.ac.at/~dieter/teaching/dm08-clustering.pdf (29.07.2017) abgerufen

Morgenroth, M. (23. Dezember 2016). *Big-Daten-Business. In: Digital gebrandmarkt. Wie Konsumentendaten gesammelt, gehandelt und genutzt werden. 01/2017, S. 64.* Von Heise Online: https://www.heise.de/ct/ausgabe/2017-1-Wie-Konsumentendaten-gesammelt-gehandelt-und-genutzt-werden-3575781.html (07.07.2017) abgerufen

Onlinemarketing (Hr.). (kein Datum). *Targeting.* Von Onlinemarketing Lexikon: https://onlinemarketing.de/lexikon/definition-targeting (27.06.2017) abgerufen

Onlinemarketing-Praxis (Hr.). (kein Datum). *Definition Targeting.* Von Onlinemarketing-Praxis: http://www.onlinemarketing-praxis.de/glossar/targeting (13.06.2017) abgerufen

OnPage (Hr.). (kein Datum). *Targeting.* Von OnPage: https://de.onpage.org/wiki/Targeting (13.06.2017) abgerufen

RapidMiner (Hr.) (1). (2017). *RapidMiner Studio.* Von RapidMiner Documentation: https://docs.rapidminer.com/studio/ (15.07.2017) abgerufen

RapidMiner (Hr.) (2). (2017). *Data to Similarity.* Von RapidMiner Documentation: https://docs.rapidminer.com/studio/operators/modeling/similarities/data_to_simi larity.html (28.07.2017) abgerufen

RapidMiner Documentation (Hr.) (1). (2017). *Read Excel.* Von RapidMiner Documentation: https://docs.rapidminer.com/studio/operators/data_access/files/read/read_excel.h tml (28.07.2017) abgerufen

RapidMiner Documentation (Hr.) (2). (2017). *Generate ID.* Von RapidMiner Documentation: https://docs.rapidminer.com/studio/operators/blending/attributes/generation/gene rate_id.html (28.07.2017) abgerufen

RapidMiner Documentation (Hr.) (3). (2017). *Select Attributes.* Von RapidMiner Documentation: https://docs.rapidminer.com/studio/operators/blending/attributes/selection/select _attributes.html (28.07.2017) abgerufen

RapidMiner Documentation (Hr.) (4). (2017). *K-Means.* Von RapidMiner Documentation:

https://docs.rapidminer.com/studio/operators/modeling/segmentation/k_means.h tml (28.07.2017) abgerufen

Riepl, W. (09. April 2012). *CRISP-DM: Ein Standard-Prozess-Modell für Data Mining*. Von Statistik Dresden: http://statistik-dresden.de/archives/1128 (13.06.2017) abgerufen

Rouse, M. (Februar 2013). *microtargeting*. Von TechTarget: http://searchcio.techtarget.com/definition/microtargeting (27.06.2017) abgerufen

Stotz, D. (28. Juli 2016). *Der K-Means Algorithmus*. Von Eidgenössische Technische Hochschule Zürich: https://www.ethz.ch/content/dam/ethz/special-interest/dual/educeth-dam/documents/Unterrichtsmaterialien/mathematik/k-means-algorithmus/Der%20K-Means%20Algorithmus.pdf (29.07.2017) abgerufen

Taylor, J. (Januar 2017). *Four Problems in Using CRISP-DM and How To Fix Them*. Von KDnuggets: http://www.kdnuggets.com/2017/01/four-problems-crisp-dm-fix.html (13.06.2017) abgerufen

TH Köln (Hr.). (2. September 2015). *Logo*. Von Technology Arts Sciences TH Köln: http://aktionen.web.th-koeln.de/name/?cat=7 (28.07.2017) abgerufen

Tischbein, V. (22. August 2016). *98 Daten, die Facebook über dich weiß und nutzt, um Werbung auf dich zuzuschneiden*. Von Netzpolitik: https://netzpolitik.org/2016/98-daten-die-facebook-ueber-dich-weiss-und-nutzt-um-werbung-auf-dich-zuzuschneiden/ (08.07.2017) abgerufen

Von Billerbeck, L., & Beckedahl, M. (06. Dezember 2016). *Internetdaten als Wahlkampfhelfer?* Von Deutschlandfunk Kultur: http://www.deutschlandfunkkultur.de/big-data-und-psychometrie-internetdaten-als-wahlkampfhelfer.1008.de.html?dram:article_id=373221 (21.06.2017) abgerufen

Wenzel, J. (August 2016). *Microtargeting: Passgenaue Botschaften*. Von Marketingblatt: http://www.marketingblatt.com/de/allgemein/microtargeting-passgenaue-botschaften/ (27.06.2017) abgerufen

Wikipedia (Hr.) (1). (15. Juni 2017). *Dave Kerpen*. Von Wikipedia: https://en.wikipedia.org/wiki/Dave_Kerpen (28.06.2017) abgerufen

Wikipedia (Hr.) (2). (31. März 2017). *SCL Group*. Von Wikipedia: https://de.wikipedia.org/wiki/SCL_Group (20.06.2017) abgerufen

Wikipedia (Hr.) (3). (21. April 2016). *Gibbs-Sampling*. Von Wikipedia: https://de.wikipedia.org/wiki/Gibbs-Sampling (27.06.2017) abgerufen

Wirth, R., & Hipp, J. (2000). *CRISP-DM: Towards a Standard Process Model for Data*. Von CiteSeerx: http://citeseerx.ist.psu.edu/viewdoc/download;jsessionid=6A3A6A8A0BFE7B0 0754BC2CF7EB503F7?doi=10.1.1.198.5133&rep=rep1&type=pdf (23.06.2017) abgerufen

Wolfie, C. (21. Dezember 2016). *An ihren Daten sollt ihr sie erkennen*. Von Frankfurter Allgemeine Zeitung: http://www.faz.net/aktuell/feuilleton/medien/big-data-im-wahlkampf-ist-microtargeting-entscheidend-14582735.html?printPagedArticle=true#pageIndex_2 (26.05.2017) abgerufen